Há Dez Mil Anos

Relatos de Lembranças de uma vida passada

Nelson Moraes

Pelo Espírito Zílio

Há Dez Mil Anos

Relatos de Lembranças de uma vida passada

Aliança

1ª edição, 1ª reimpressão, Janeiro/2016, do 4º ao 6º milheiro

TÍTULO
Há Dez Mil Anos

AUTOR
Nelson Moraes

REVISÃO
Roberto de Carvalho

DIAGRAMAÇÃO
Cíntia Funchal Rocha de Carvalho

CAPA
Cíntia Funchal Rocha de Carvalho

IMPRESSÃO
Intergraf Indústria Gráfica Eireli.

FICHA CATALOGRÁFICA

Dados Internacionais de Catalogação na Publicação (CIP)
— Câmara Brasileira do Livro | SP | Brasil —

Zílio (Espírito).
Há Dez Mil Anos: Relatos de Lembranças de uma vida passada/ Pelo Espírito Zílio; Psicografado por Nelson Moraes. -- São Paulo: Editora Aliança, 2012.

ISBN: 978-85-88483-87-3

1. Contos espíritas 2. Espiritismo 3. Psicografia
I. Moraes, Nelson. II. Título

12-13332 CDD-133.93

ÍNDICE PARA CATÁLOGO SISTEMÁTICO:

1. Contos espíritas: Espiritismo 133.93

EDITORA ALIANÇA
Rua Major Diogo, 511 – Bela Vista – São Paulo – SP
CEP 01324-001 | Tel.:(11) 2105 2600 | Fax: (11) 2105 2626
www.editoraalianca.com.br | editora@editoraalianca.com.br

Sumário

Parte 1

Parte 2

Parte 3

Parte 1

Vida Nova

Agora, que estou relativamente adaptado à minha condição de Espírito desencarnado, tenho me empenhado em me aproximar dos encarnados que evocam meu nome. Faço, a título de aprendizado, porque o máximo que posso fazer por eles é interceder para que os benfeitores os ajudem. Na maioria, são amigos que me pedem uma prova da vida eterna; outros me evocam pedindo ajuda para compor músicas. É um número muito grande de pedidos, alguns até curiosos e estranhos, mas alegra-me sentir que todos chegam até mim revestidos de muito carinho.

O que tem sido difícil para mim é conviver com a saudade dos dias felizes que vivi com os entes queridos. Quantas vezes tenho abraçado cada um deles sem conseguir me fazer sentir em seus corações, exceto aqueles que me foram mais próximos e continuam me amando. Para alguns, a morte apagou meus registros, lançando-me no esquecimento. Aliás, no mundo das ilusões sempre acaba permanecendo o mito e desaparecendo o homem. Essa é a herança da maioria dos artistas que não souberam usar a arte com sabedoria. Quase todos, ao atravessarem os portais da morte, são transferidos das luzes da ribalta para as sombras da solidão. Nessa providencial solidão, acabam enxergando a si mesmos e descobrindo os caminhos que os conduzirão ao verdadeiro sucesso.

Hoje, sinto-me muito feliz quando deparo com um encarnado lendo meus depoimentos, muito mais do que quando os encontro executando minhas músicas. Aos poucos, estou alcançando o sucesso. Não mais o sucesso do mito, mas, sim, o do ser humano que sou. Espero que aqueles que hoje são fãs do mito, ao lerem meus depoimentos, venham se tornar fãs da verdade e daquele que realmente merece nossa gratidão e reconhecimento. Um dia, Ele será seguido como o grande ídolo da humanidade.

Acompanhando os leitores que leram meus depoimentos, percebi que na maioria deles paira uma expectativa de novas informações a meu respeito, principalmente sobre minhas vidas pregressas. A curiosidade em saber sobre o pretérito também me dominou e, durante longo tempo, esforçava-me todos os dias para acionar minhas lembranças. Muitas foram surgindo fragmentadas e obscuras, causando-me algumas alterações psíquicas, como ansiedade e uma euforia exagerada. Porém, não desisti, continuei exercitando a concentração profunda, conforme Felipe havia me orientado, até que consegui resgatar uma grande parte do meu passado distante. Foram necessários alguns meses de reflexões profundas para me refazer dos efeitos causados por essas recordações. Algumas me proporcionaram muitas alegrias, outras me fizeram viver momentos de angústia e de profunda depressão. Mais tarde, depois de me refazer desse impacto, peregrinei por diversas colônias, buscando uma integração maior com o movimento de comunicação com os encarnados, onde colhi valioso aprendizado a respeito.

Segundo Venâncio, o diretor da Estância de Amor, a comunicação com os encarnados deve atender aos propósitos da informação e do esclarecimento, a fim de conscientizá-los de suas responsabilidades perante as leis divinas, e ajudá-los a desenvolver o amor em seus corações. Orientou-me que podemos usar os recursos da dramaturgia na literatura, mas, desde que não venham empanar seus elevados propósitos.

Fui autorizado a passar algumas dessas lembranças para o médium, no intuito de mostrar ao leitor que o tempo, para o Espírito, tem um significado muito relativo e que o passado, mesmo distante, pode estar presente e influenciar na construção do futuro, da mesma forma que acontece no tempo transitório da vida física, onde, muitas vezes, fatos ocorridos em nossa infância acabam influenciando a formação do nosso caráter ao nos tornarmos adultos.

Os leitores que conseguiram me identificar vão observar que muito do meu passado distante se identifica com certas atitudes e comportamentos que adotei em minha recente encarnação. Agora compreendo que a infância do Espírito atravessa inumeráveis séculos, compondo os milênios na eternidade da vida, onde, na forja do tempo, alguns milhares de anos representam apenas um curto período na evolução do Espírito eterno. Os acontecimentos aqui narrados tiveram como palco um lugar distante nos séculos que, absorvido pelas transformações físicas de nosso planeta, há muito deixou de fazer parte da paisagem terrestre. Não é uma revelação histórica sobre tempo ou lugares. Descrevo alguns dos momentos vividos por mim e pelos Espíritos envolvidos, focalizando apenas os principais acontecimentos que culminaram com os grandes equívocos que cometemos, quando dominados pela impiedade, os quais acabaram gerando marcas profundas em meu subconsciente, dificultando minha ascensão espiritual.

*"Quando ignoramos a realidade à nossa volta,
nos tornamos escravos das ilusões!"*

Na ilha Pequena

Eu e meu irmão Zirat vivíamos em uma pequena ilha situada entre outras tantas que faziam parte de um grande arquipélago. Ao norte, distante de nossa ilha, existia uma outra muito maior, chamada de Ilha Grande. No topo dessa ilha havia uma grande cidade chamada Zantar. Sabíamos que ela existia, porque nosso pai vivia lá e quando nos visitava periodicamente, falava dessa grande cidade e de suas riquezas. Nossa mãe fazia parte do templo dos Guardiões da Vida. Eu e Zirat passávamos o dia caçando pequenos animais, os quais negociávamos na Praça das Barganhas, onde todos os dias se reuniam os mercadores. Os habitantes da ilha que moravam próximos às praias viviam da pesca. A maioria cultuava a crença nos Guardiões da Vida, representados por imagens esculpidas em grandes pedras.

A cada dois ciclos da lua, faziam suas oferendas no templo construído na parte mais alta da ilha. Zirat, mais velho do que eu, era forte e inteligente, vivia sonhando que um dia partiria para a Ilha Grande, onde acreditava que iria realizar seus sonhos. Era diferente de mim. Eu não nutria nenhum sonho. Tornara-me um jovem amargo desde o dia em que, aos dez anos, ao retornar da caça, deparei com meu pai e minha mãe mortos e esquartejados. O tempo passou. Cresci ao lado de Zirat, que me ensinou tudo o que eu precisava saber para continuar sobrevivendo à dor que se abatera sobre mim.

À medida que o tempo passava, o número de habitantes de nossa ilha foi se multiplicando. As encostas estavam tomadas pelas plantações, porém, em vista do crescimento da população, era muito pouco o que produziam. O consumo havia aumentado em demasia, a fome começava a afligir uma grande maioria dos habitantes. Todos os dias partiam pequenas embarcações levando os moradores que se aventuravam a mudar para outras ilhas. A caça se tornara escassa e enfrentávamos sérias dificuldades para sobrevivermos.

Certa manhã, acordamos com uma grande gritaria. Fomos para fora e vimos todos os moradores correndo pelas ruas. Estavam assustados, algo de estranho estava acontecendo. Os animais das florestas próximas às praias haviam subido para o topo da ilha, invadindo o centro comercial e as residências. As víboras rastejavam por toda a parte, atacando as pessoas e inoculando venenos mortais. Os cães uivavam e latiam desesperados, o pânico era geral. Ninguém entendia o que estava acontecendo, até que o zelador do templo começou a gritar do alto da torre:

— O mar está invadindo a ilha! Estamos submergindo!

Meu irmão Zirat, ao ouvir o zelador, puxou-me pelo braço e saímos correndo em direção ao norte da ilha, onde ficavam as pedras sagradas que representavam as figuras dos Guardiões da Vida. Quando chegamos na parte alta, avistamos as águas do mar se sobrepondo às árvores, cobrindo toda a floresta. Entramos em uma pequena caverna que se localizava sob os pés de uma das esculturas dos guardiões de pedra. A entrada estava oculta pela folhagem que pendia sobre a encosta. Meu irmão guardava ali uma canoa. Fiquei surpreso ao vê-la, pois ninguém da parte alta da ilha possuía qualquer tipo de embarcação, apenas os habitantes das praias é que as possuíam. Suspeitei que ele já havia previsto com antecedência o que estava acontecendo. Percebendo minha admiração, explicou-me:

— Zílio, desde quando nosso pai foi morto ele tem se comunicado comigo. Não faz muito tempo, mandou-me guardar uma canoa neste lugar. Agora compreendo qual era o motivo. Ele sabia que, a qualquer momento, isso viria a acontecer.

— Espere, vou até nossa casa. Preciso pegar o medalhão que nossa mãe me deu, é a única coisa que temos de valor. Se nos salvarmos, talvez venhamos a precisar.

— Nada disso! Vamos! Resta-nos pouco tempo e não podemos nos arriscar. Vamos!

Zirat estava certo. Pegamos a canoa, os remos e nos lançamos ao mar. Por pouco não fomos impedidos pelas águas que roçavam nossos pés.

Depois de algum tempo que levamos para controlar a canoa, olhamos para trás e vimos o povo se espremendo sobre as coberturas das casas. Muitos dos barcos pertencentes aos moradores das praias estavam espalhados sobre as águas, quase todos vazios. Percebemos que o acontecimento inesperado surpreendeu a grande maioria dos habitantes da orla. Tentamos rebocar algumas embarcações e conduzi-las até as pessoas que estavam sobre os telhados, porém o mar e os ventos estavam muito agitados e não conseguimos controlar a canoa. Desistimos.

Remamos até o anoitecer. A Ilha Grande ainda estava muito longe e, cansados, deixamos a canoa seguir à deriva. Nossa esperança era que o vento continuasse soprando em direção ao norte, pois, com isso, poderíamos estar próximos de nosso destino ao amanhecer. A lua nova não refletia a luz do sol e a noite derramava a escuridão sobre a Terra. Não enxergávamos um ao outro. O barco era pequeno e, com muita dificuldade, conseguimos nos acomodar, de modo que pudéssemos descansar. Acomodados e mais tranquilos, acabamos adormecendo ao balanço das ondas.

Acordamos com o calor do sol aquecendo nossos rostos. O vento nos fora favorável e o canto dos pássaros soava como uma melodia para nossos ouvidos! Estávamos próximos da Ilha Grande! Podíamos enxergar suas praias, estavam desertas. Começamos a remar, minhas mãos estavam doloridas, eu nunca havia remado tanto. Meu irmão procurava me animar:

— Vamos, falta pouco! Logo chegaremos em terra firme!

A maré havia se acalmado, mas apesar de nosso esforço, não conseguíamos sair do lugar, o mar tentava nos arrastar de volta para sua imensidão. Depois de muito esforço, finalmente chegamos em terra firme. Estávamos extremamente cansados. Deitamos na areia e ali ficamos por longo tempo, quando aproveitei e fiz algumas perguntas para Zirat:

— O que mais nosso pai falou?

— Disse-me que eu deveria cuidar de você e que, juntos, um dia iríamos realizar um trabalho muito importante.

— Não fosse por ele, estaríamos mortos. Apesar que, para mim, pouco importa viver ou não. Nada me atrai neste mundo.

— Zílio, você é jovem, forte, sadio e inteligente. Por que guarda tanta revolta no coração?

— Não sei. Sinto falta de alguma coisa que nem eu mesmo sei o que é.

— Ouvi dizer que aqui na Ilha Grande existe um povo estranho, mas muito rico e com muitas mulheres bonitas. Quem sabe vai encontrar aquilo que falta para você ser feliz.

— Se o nosso pai falou com você, é sinal de que está vivo em algum lugar. Onde é esse lugar em que vivem os mortos?

— Existem muitos lugares onde eles vivem. Nosso pai não me disse onde está vivendo, mas me informou que os mortos, embora nós não possamos vê-los, possuem corpos iguais aos que tiveram quando vivos e que muitos andam à nossa volta e convivem com os vivos, sem que estes percebam. Disse ainda que eles podem nos ajudar ou até nos prejudicar.

— Então, os guardiões da vida que o povo cultua existem de verdade?

— Sim! Talvez sejam os que morreram de nosso povo que continuam zelando pelos que ainda estão vivos. As oferendas depositadas no templo devem agradá-los, por isso cuidam do povo da ilha.

— Cuidavam, porque o povo de nossa ilha já não existe mais. Uma coisa é certa: só vou acreditar quando ver um!

Percebi que meu irmão não gostou muito da minha resposta, mas eu não conseguia entender que alguém, depois de morto e cujo corpo foi dilacerado da forma como foram os de minha mãe e de meu pai, pudesse estar vivo em algum lugar. Zirat tentava me convencer:

— Zílio, talvez você não saiba, mas nosso pai tinha poderes sobre os vivos e sobre os mortos. Pouco antes de ser morto, falou-me de uma seita que existe na Ilha Grande, cujos membros conseguem transformar os pesadelos em sonhos e os sonhos em pesadelos, as pedras em ouro e a água em pedras preciosas! Olhe! Esta pedra esculpida é o símbolo dessa seita, é o nosso passaporte para entrarmos nela como iniciados. Se conseguirmos chegar até lá, então teremos tudo o que um homem poderia desejar!

— Nosso pai fazia parte dessa seita?

— Sim! Eu acho que nosso pai era um dos grandes. Liburc, o sacerdote do Templo do Sol, o mais poderoso da Ilha Grande, perseguiu-lhe até forçá-lo a voltar para junto de nós, refugiando-se na ilha onde vivíamos. Insatisfeito, Liburc mandou seus guardiões até nossa casa para matá-lo.

— Eu me recordo do dia em que estávamos voltando da caça e, ao chegar em casa, encontramos nossos pais degolados e esquartejados. Pensei que uma fera os tivesse atacado.

— É, Zílio, você tinha apenas dez anos. Lembro-me quando olhou para mim e disse: "Coitados! Algum animal passou por aqui". Realmente os guardiões de Liburc são como animais. Quando são encarregados de executar alguém, não hesitam em aplicar a crueldade.

— Não gosto de lembrar desse dia. Meu coração dispara, ameaçando sair pela boca. Então, foi esse sacerdote que mandou matar nossos pais?

— Sim! Temos que tomar cuidado para não sermos descobertos por seus guardiões, senão estaremos mortos.

— O que vamos fazer? Como vamos encontrar o lugar onde se reúnem os membros dessa seita?

— Antes de tudo, vamos procurar alguma coisa para comer. Estou com sede e fome!

Levantamo-nos e começamos a caminhar, beirando a mata que circundava as praias. Procuramos durante longo tempo por alguma coisa que pudesse nos servir de alimento. Nada encontramos. Continuamos caminhando, até chegarmos a um enorme rochedo que se estendia até o mar, dividindo a praia. Ao lado, corria um riacho de águas cristalinas, onde saciamos nossa sede. Depois, continuamos. Ao passarmos por entre as rochas menores, semiencobertas pela água e enfileiradas no final do rochedo, encontramos centenas de mariscos que nos serviram de alimento.

Já havíamos comido bastante, quando ouvimos alguns gritos de desespero. Meu irmão imediatamente colocou sua mão em meu ombro e me forçou a abaixar por entre as rochas. Ficamos escondidos e atentos. Através do vão que havia entre as rochas, vimos alguns homens do outro lado dos rochedos, armados com espadas e atacando mais de uma dezena de sobreviventes de nossa ilha que acabavam de aportar na praia. Após chaciná-los, marcharam na direção de onde estávamos escondidos. Imediatamente, meu irmão começou a recolher as cascas dos mariscos que comemos, olhou para mim e fez um sinal para que eu fizesse o mesmo. Depois de recolhermos o indício de nossa presença, saímos correndo beirando o rochedo e entramos na mata. Assustados, começamos a subir a encosta, acompanhando o curso do riacho. O chão era íngreme. Subíamos durante o dia e descansávamos à noite. A sorte nos favoreceu, pois conseguimos abater um pequeno animal que garantiu nossa provisão durante a escalada.

Depois de dois dias e uma noite, encontramos uma trilha que nos conduziu até uma enorme clareira que ficava ao lado da nascente do rio. O lugar parecia ser muito usado pelos habitantes da ilha. No centro da clareira havia resíduos de uma grande fogueira, os vestígios demonstravam que alguém usava constantemente aquele lugar. Do alto daquele platô, podíamos avistar o mar. Havíamos subido bastante e finalmente estávamos próximos do topo da ilha. Olhando para a imensidão do mar, Zirat me chamou para junto dele e, apontando para a direção de onde se localizava nossa ilha, afirmou:

— Olha! Não foi apenas nossa ilha que submergiu, as outras, que ficavam ao sul e ao leste, também desapareceram.

— O que será que causou toda essa tragédia?

— Ninguém poderá explicar. Parece que o mundo está se acabando aos poucos.

Zirat juntou uns gravetos que estavam espalhados naquele lugar e acendeu uma pequena fogueira. Assamos uma parte do animal que havíamos abatido. O sol estava a prumo. Comemos parte da carne e improvisamos um varal sobre a fogueira, onde penduramos o restante para defumar, pois não sabíamos o que nos aguardava dali para frente. Estávamos nos acomodando sobre algumas folhas secas para descansarmos, quando ouvimos um barulho na mata em torno da clareira. Imediatamente deitamos e ficamos em silêncio, simulando que estivéssemos dormindo. Colocamos o braço sobre o rosto, de forma que pudéssemos ocultar nossos olhos, e ficamos vigiando o local de onde viera o barulho que ouvimos.

Passado algum tempo, vimos uma mulher se aproximando sorrateiramente da carne que estava pendurada sobre a fogueira. Meu irmão, em determinado momento, levantou-se rapidamente e se atirou sobre ela, dominando-a completamente. Era uma jovem aparentando uns dezoito anos, de quem me aproximei. A sujeira em seu rosto e as roupas rasgadas e sujas demonstravam que deveria estar vagando por muito tempo. Zirat a soltou e ela permaneceu diante de nós. Peguei a faca, cortei uma tira da carne defumada e dei para ela. Da forma como levou à boca, percebemos que não se alimentava há dias. Comeu vários pedaços, olhando-nos desconfiada. Percebia-se que estava tomada completamente pelo medo.

Depois de comer bastante, respirou fundo e olhou para a queda d'água, insinuando que estava com sede. Peguei-a pelo braço e a conduzi até a nascente. Ao nos aproximarmos da água, ela se atirou no tanque formado pelas pedras que circundavam a cachoeira e, à medida que a sujeira se dissolvia sob o influxo da água, seu rosto surgia, revelando uma beleza impar. Seus cabelos, antes embaraçados, agora cediam lugar a uma vasta cabeleira negra pendendo sobre seus ombros bronzeados. A roupa molhada delineava as formas de um corpo cuja beleza eu jamais havia visto nas mulheres de nossa ilha. Seus dentes pareciam de puro marfim. Estava extasiado a observá-la, quando falou pela primeira vez:

— Quem são vocês?

Ainda em devaneio, não consegui responder. Até que ela jogou um pouco de água em meu rosto e, sorrindo, perguntou novamente:

— Quem são vocês?

— Eu sou Zílio. E aquele é meu irmão Zirat. E você, quem é?

— Eu sou Zaíra. Os Ribuths me raptaram quando ainda era criança e me trouxeram da ilha pequena onde eu morava. Desde então, tornei-me prisioneira deles.

— Nós também somos da ilha pequena, conseguimos nos salvar. Quem são os Ribuths?

— Eles são poderosos feiticeiros e adversários de Liburc. Eu fui designada para o sacrifício, mas consegui fugir.

Ao ouvir seu depoimento, meu irmão foi até o alforje, retirou uma pedra com um desenho esculpido, aproximou-se e mostrou à ela. Depois perguntou:

— Você conhece este símbolo?

Zaíra colocou as mãos no rosto e, assustada, afirmou:

— Esse é o símbolo deles.

Eu procurei acalmá-la, colocando meu braço sobre seus ombros, mas ela se esquivou e começou a gritar:

— Vocês são Ribuths! Vocês fazem parte dos Ribuths!

— Calma! Nós nem conhecemos os Ribuths. Venha, vamos conversar, sente-se aqui.

Demonstrando visível receio, aproximou-se de nós. Sentamos nas pedras e meu irmão começou a falar:

— Não tenha medo, nós somos amigos. Nossa ilha afundou no mar, talvez sejamos os únicos sobreviventes. Precisamos nos unir. Esta pedra foi dada a mim pelo meu pai, ainda não sabemos nada sobre ela. Se você sabe alguma coisa, deve nos esclarecer.

Zaíra pegou a pedra na mão, examinou-a e depois esclareceu:

— Pedras iguais a essa são usadas pelos membros da seita dos Ribuths. Os três pontos esculpidos sob o símbolo da lua cheia significam que o membro que usava essa pedra fazia parte do conselho que compõe a hierarquia suprema.

— Então, isso quer dizer que o nosso pai era um dos grandes? – perguntou Zirat.

— Sim! Só os membros do conselho a possuem – confirmou Zaíra.

— Em que lugar podemos encontrar os Ribuths?

— Eles vivem por trás das Muralhas do Medo. Ninguém se atreve a chegar até lá. Somente os adeptos é que têm acesso livre e apenas em determinado ciclo da lua. Os poucos que se aproximaram a mando de Liburc, para investigar, jamais voltaram.

— Como conseguiu fugir?

— Em todas as primeiras noites do ciclo da lua nova, os portões das Muralhas são abertos para os agricultores, caçadores e comerciantes que estão submissos à ordem dos Ribuths. Nesses dias de lua nova, eles trazem suas oferendas até o templo de Butsá e recebem a consagração dos sacerdotes supremos que, com a magia dos Ribuths, dizem garantir a abundância para todos. Numa dessas noites, a escrava que cuidava de mim me ajudou a fugir da cela, que fica no templo das vítimas. Ao sair, escondi-me no depósito de víveres e, aproveitando o movimento de entrada e saída dos adeptos, consegui escapar, caminhando tranquilamente por entre a multidão.

— O que fazem os Ribuths?

— Eles são poderosos. Dizem que nos rituais que praticam durante a lua cheia, conseguem transformar pedra em ouro e a água em pedras preciosas. E mais: com a força que possuem, não precisam pegar em armas, são capazes de derrotar seus inimigos à distância, disseminando pestes e doenças. A cada cinco ciclos da lua cheia, sacrificam uma virgem como tributo às forças que os auxiliam em suas empreitadas sinistras.

— Este lugar onde estamos fica muito longe de onde vivem os habitantes da ilha?

— Estamos próximos da região agrícola da cidade de Zantar, onde fica o centro comercial da ilha. Está a uns dois dias daqui.

Antecipando-me ao meu irmão, perguntei a ela:

— Você nos levaria até lá?

— Eu tenho ido lá às escondidas, não posso me expor. Se eu for reconhecida por algum dos espiões dos Ribuths, poderei ser morta ou levada novamente para o templo das vítimas, a fim de ser sacrificada nos próximos rituais.

Zirat olhou para mim e fez um sinal para eu pegar o alforje que ele havia deixado próximo à fogueira. Eu o peguei e entreguei a ele, que rapidamente o abriu e retirou de dentro dele uma pequena pedra esculpida com o nome Sidrac. Virou-se para Zaíra e lhe perguntou:

— Você já ouviu falar de um homem chamado Sidrac?

— Não. Nunca ouvi tal nome.

— Precisamos encontrá-lo! Ele é quem deverá nos ajudar a chegar até os Ribuths.

O sol já havia se posto. A noite estava próxima e resolvemos ficar por ali até o amanhecer. Zaíra concordou e nos fez um sinal para segui-la. Ela nos conduziu até um abrigo natural em um oco da montanha, oculto pelas folhagens. Ali descansamos até o amanhecer. Na madrugada, ouvi meu irmão conversando com alguém. Parecia estar sonhando, pois Zaíra dormia profundamente. Com quem poderia estar conversando?

Amanheceu. Zaíra já havia saído do abrigo e meu irmão continuava dormindo. Saí à procura dela e fiquei surpreso ao vê-la banhando-se novamente nas águas do tanque. Aproximei-me e ela sorriu para mim. Seu sorriso possuía um encanto que envolvia todo o meu ser. Seu olhar era cheio de ternura e meiguice. Eu me sentia embaraçado diante dela, mas procurava agir naturalmente, tentando disfarçar o meu constrangimento. Após o banho, ajudei-a a se vestir. Sentamos e conversamos bastante. À medida em que ela falava, eu observava o movimento de sua boca, de seus olhos, tudo nela era perfeito. Senti que estava apaixonado e o pior é que eu não sabia como lidar com esse sentimento que havia me tomado pela primeira vez. Eu jamais vira uma mulher tão bonita como ela. As mulheres da ilha onde vivi eram pouca coisa diferente dos homens. Seus corpos musculosos, desenvolvidos no trabalho pesado da agricultura e da pescaria, tornavam-nas semelhantes a eles. Ficamos ali nos contemplando, até que meu irmão apareceu:

— Então? Vamos partir?

Levantei-me, peguei-a pela mão e partimos. No caminho, meu irmão começou a falar do sonho que tivera durante a noite:

— Esta noite sonhei com nosso pai. Ele me orientou que devemos ir o mais rápido possível ao encontro de Sidrac. Disse-me que podemos encontrá-lo na Praça dos Tributos, na loja do armeiro. É para lá que temos que ir. Você conhece esse lugar? – perguntou para Zaíra.

— Jamais estive na Praça dos Tributos, mas sei onde fica. Estive perto de lá muitas vezes, às escondidas e em busca de alimento.

— Há quanto, afinal tempo você está foragida?

— Faz algumas luas. Não sei ao certo.

Seguimos conversando. Ao fim do dia, estávamos próximos de uma grande propriedade rural. Zirat sugeriu que devíamos pedir pousada ao proprietário. Eu e Zaíra concordamos. Aproximamo-nos e fomos recebidos por um homem que cuidava das ovelhas, no curral, perto da entrada. Falamos de nossa intenção de passar a noite ali e ele nos recebeu muito bem e nos mandou entrar, dizendo:

— Entrem! O senhor destas terras terá grande prazer em recebê-los!

Ele caminhou à nossa frente e nós o seguimos até a casa, que ficava retirada da estrada. Abriu a porta e mandou que entrássemos. O interior da casa era sombrio, havia apenas uma pequena janela por onde entrava uma fina réstia de luz. Não demorou e o homem que nos recebeu retornou, carregando um outro homem no colo, e o colocou sentado em um banco à nossa frente. Ele não tinha as pernas. Seu rosto apresentava uma cicatriz partindo do canto do olho esquerdo até quase o pescoço. Falou-nos com uma voz rouca:

— Sejam bem-vindos à minha casa! Meu nome é Zorac. Eu os esperava, ansioso.

— O senhor sabia que viríamos? – perguntei admirado.

— Sim, Zorac sabe tudo! Meus amigos invisíveis me informam o que acontece neste e em outros mundos.

Meu irmão ficou mudo. Zaíra estava atônita. Zorac olhou para ela e continuou falando:

—Você é a virgem que os Ribuths estão procurando.

Zaíra olhou para nós, assustada. Aquele homem estranho olhou para mim e para Zirat e, logo depois, complementou:

— E vocês são os filhos de Zenc.

Zirat, embaraçado diante daquelas revelações, ficou preocupado com nossa segurança. Passou seu braço sobre meu ombro e de Zaíra e, receoso, afirmou:

— Senhor, estamos de passagem. Sobrevivemos à tragédia que se abateu sobre a ilha pequena. Estamos procurando meios para dar um destino às nossas vidas.

— Calma! Nada devem temer. Eu vou ajudá-los. Sentem-se, tenho muito que conversar com vocês. Sou amigo de vosso pai. Devo orientá-los sobre o que fazer. Sidrac, o homem a quem estão procurando, era o parceiro de vosso pai na seita dos Ribuths. Os dois raptaram a filha de Liburc e a ofereceram ao sacrifício das virgens, provocando ainda mais sua ira, que acabou culminando com o assassinato de vossos pais. Sidrac ficou sem o parceiro e sem o poder dos Ribuths, por isso está refugiado na casa do armeiro. Com a pedra que vocês possuem e a que está em poder de Sidrac, ao encaixá-las uma na outra, o desenho das duas luas se completará, formando o símbolo secreto dos Ribuths. Sidrac irá entregá-la a vocês, por isso deverão partir cedo. Vou mandar preparar uma carroça com dois cavalos para levá-los até ele. Depois, deverão retornar aqui para que eu possa orientá-los sobre o que fazer de suas vidas.

Ouvimos atentamente o que Zorac disse. Meu irmão pareceu entusiasmado. Levantou-se, andou de um lado para o outro, voltou-se para Zorac e afirmou:

— Nestes momentos de incertezas, um amigo é o que mais precisamos. Nós somos gratos pelo apoio que nos oferece.

— E quanto à Zaíra? Não é perigoso ela nos acompanhar até a cidade, visto que está sendo procurada? – perguntei preocupado.

Zorac fez um sinal para ela se aproximar. Ele a pegou pelo braço e, num movimento rápido, cortou-a com uma lâmina, na altura do ombro esquerdo. Eu a puxei para perto de mim e tentei estancar o sangue com a mão. Estava ainda com a mão sobre o ferimento quando ele falou:

— Acalme-se. O que eu fiz foi para garantir a vida dela. Agora já não serve para o sacrifício, os Ribuths a deixarão em paz. As virgens sacrificadas não podem ter nenhuma cicatriz, então, a marca que eu fiz em seu braço é o seu passaporte para a vida! Agora vão descansar e durmam em paz.

Fez um sinal para o homem que o auxiliava e este o carregou de volta aos seus aposentos. Depois de algum tempo, o auxiliar retornou com um frasco contendo um unguento preparado com ervas e mandou aplicar no ferimento que Zorac fizera no braço de Zaíra. Depois, levou-nos até o local onde deveríamos descansar.

Passamos uma noite tranquila. Pela manhã bem cedo, o auxiliar nos acordou e nós partimos. Viajamos quase o dia todo. Chegamos a Zantar quando o sol se punha no horizonte. Fiquei maravilhado quando nos aproximamos da entrada principal da cidade. O portal de pedra, esculpido na forma de um arco, apresentava desenhos em relevos tingidos de dourado, cujo brilho refletia a luz avermelhada do maravilhoso crepúsculo. Atravessamos o portal. O movimento nas ruas era muito intenso. Um guarda nos fez parar e nos indicou um lugar onde deveríamos deixar o veículo e os animais. Entramos pela viela que nos indicou e chegamos a um pátio muito grande, onde deixamos a carroça e os animais. Seguimos a pé em busca da loja do armeiro.

Caminhamos por várias vielas até chegarmos à Praça dos Tributos. As lojas pareciam todas iguais, podia-se encontrar de tudo no próspero comércio que se desenvolvia em cada canto daquela cidade enorme. Do lugar onde estávamos não conseguíamos enxergar as muralhas que circundavam a cidade. Do outro lado da praça, vimos uma porta com lanças e espadas expostas do lado de fora e meu irmão deduziu que ali seria a loja do armeiro. Fomos até lá. Uma mulher idosa nos recebeu. Perguntamos por Sidrac e ela ficou embaraçada, demonstrando preocupação e medo. Olhando de esguelha para uma porta que havia nos fundos da loja, respondeu:

— Não. Eu não conheço ninguém com esse nome.

Meu irmão, percebendo que estava mentindo para proteger Sidrac, insistiu:

— Por favor, precisamos encontrá-lo. Meu nome é Zirat, sou filho de Zenc.

Nisso, a porta dos fundos se abriu e apareceu um homem muito alto, aparentando uns sessenta anos. Aproximou-se e gentilmente nos recebeu:

— Sejam bem-vindos! Eu sou Sidrac. Então, você é filho de Zenc?

— Sim! Este é Zílio, meu irmão, e esta é Zaíra.

— Venham, vamos para os fundos da loja. Aqui, corremos perigo.

Subimos uma escada feita de madeira até chegarmos em um cômodo que ficava sobre a loja. Sentamos nos bancos que estavam à volta de uma mesa grande. Sidrac sentou-se à frente de Zirat, olhou bem para mim e para Zaíra, coçou a barba e então perguntou:

— Como posso ter certeza de que vocês são os filhos de Zenc?

Calmamente, Zirat tirou a pedra esculpida de dentro do alforje e a colocou sobre a mesa. Sidrac a examinou por alguns instantes, levantou-se, retirou uma pedra solta que havia na parede, enfiou a mão em um buraco existente por trás da pedra retirada, pegou uma pedra esculpida semelhante à que nós tínhamos e a colocou ao lado da nossa. Juntou as duas e elas se encaixaram perfeitamente, formando o símbolo das duas luas. Sorrindo, olhou para nós e afirmou:

— Finalmente, vou cumprir a derradeira obrigação de um Ributh. Passo para vossas mãos o compromisso sagrado de honrar e lutar pelos princípios e pelas leis dos Ribuths. Agora devem partir. Deixem a cidade, imediatamente.

Zirat colocou as pedras no alforje e nós saímos por uma porta que havia nos fundos da loja. Na rua, ficamos perdidos. Procuramos um meio de chegar novamente à praça, mas não conseguimos. Depois de tentar vários caminhos, acabávamos sempre no mesmo lugar. Então, resolvemos voltar à loja, pelos fundos. Seguimos o mesmo caminho de onde viemos e chegamos ao lugar de onde havíamos saído. Zirat bateu à porta e, ao bater, a porta se abriu. Estava destrancada. Entramos. A mulher estava estendida no chão, cravada por uma lança. Mais adiante, próximo à porta da frente, Sidrac agonizava, varado por uma espada. Aproximei-me e ainda consegui ouvi-lo, antes que desse o último suspiro:

— Fujam! Fujam! – falou agonizando.

Assustados, imediatamente fomos para a rua. Estava escuro. Caminhamos em direção ao lugar onde deixamos a carroça. O pátio estava vazio. O único veículo no lugar era a nossa carroça. Zirat ficou apreensivo. Havia alguma coisa estranha no ar. Ficamos agachados ao lado do bebedouro dos animais, observando os acontecimentos. Passado algum tempo, vimos quatro homens se aproximando da carroça. Eram os guardiões de Liburc. Examinaram a carroça e partiram, mas deixaram um deles vigiando. Esperamos passar algumas horas, mas o guarda permanecia andando de um lado para o outro. Depois de mais algum tempo, sentou-se, virado de costas para nós. Zirat pegou o saco que estava dentro do alforje, no qual estavam as pedras, amarrou a boca do saco e foi sorrateiramente até onde estava o guarda, desferindo um violento golpe na cabeça dele. O guarda caiu desmaiado. Rapidamente, pegamos a carroça e partimos. Conseguimos chegar à casa de Zorac quando o sol já estava a prumo. Cansados e famintos, comemos alguma coisa e fomos dormir.

Parte 2

Compromisso Estranho

Já era noite quando acordamos. Zorac nos aguardava na sala grande e, quando nos viu, afirmou:

— Vejo que foram bem sucedidos!

— Sim! Apenas lamentamos por Sidrac. Infelizmente, logo depois que nos entregou a pedra, foi assassinado – esclareceu Zirat.

— Sua morte já era prevista. Os guardiões não descansariam até conseguirem eliminá-lo. Com isso, Liburc remeteu mais um inimigo para o mundo invisível.

Fiquei curioso com a colocação de Zorac e então, perguntei:

— O senhor acredita que, mesmo estando morto, Sidrac poderá prejudicar Liburc?

— Com certeza! Em breve estará reunido com os demais inimigos de Liburc, arquitetando sua derrota. Bem, isso agora não importa. O importante é que conseguiram a pedra. Vamos comer, e depois conversaremos.

O auxiliar fez um sinal para nos sentarmos à mesa, onde serviu um assado de carneiro. Enquanto comíamos, Zorac continuou falando:

—Amanhã, vou iniciá-los nos fundamentos dos Ribuths. Espero que tenham decidido ocupar o lugar de vosso pai e de Sidrac.

Zirat olhou para mim, esperando que eu dissesse alguma coisa. Olhei para Zaíra e percebi em seu olhar a expectativa de que eu dissesse sim. Olhei para meu irmão e, com um gesto, respondi afirmativamente. Diante de minha atitude, Zirat afirmou:

— Senhor, estamos prontos!

— Ótimo! – exclamou Zorac, fazendo um sinal para seu auxiliar.

O auxiliar prontamente limpou a mesa e trouxe uma vasilha contendo uma bebida saborosa. Bebemos até nos fartar. Ficamos tontos. Zaíra teve uma crise de risos e mal se mantinha de pé. Tive de levá-la até os aposentos, onde se deitou e logo adormeceu. Senti minhas pernas bambearem, mas, mesmo assim, consegui retornar à sala onde estávamos. Zorac deu uma gargalhada e começou a falar:

— Vocês beberam o Elixir da Felicidade. Só os Ribuths podem bebê-lo! É preparado pelos amigos invisíveis durante os rituais dos sacrifícios.

Zirat estava estático, o semblante no rosto demonstrava estar fora de si. Chamei-o e ele não respondeu. Zorac sorriu novamente e afirmou:

— Seu irmão está longe daqui! Está fora do corpo. Neste momento, viaja pelo mundo invisível. Logo estará de volta.

— Por quê? Embora eu esteja tonto, nada disso me aconteceu.

— Sob a influência do Elixir, seu irmão demonstrou ser um elemento passivo e você um elemento ativo. Juntos, formarão um par perfeito. Poderão desenvolver um expressivo trabalho entre os Ribuths.

— E Zaíra? – perguntei.

—Ela simplesmente adormeceu.

Depois de algum tempo, meu irmão finalmente voltou a si. Estava com expressão de surpresa.

— O que aconteceu? – perguntou.

Zorac procurou acalmá-lo:

— Calma! Procure se lembrar por si mesmo.

— Eu estava longe daqui. Era um lugar estranho. Vi muita gente cantando e dançando em torno de várias mesas nas quais haviam pessoas deitadas, era como se estivessem dormindo.

— Ótimo! Eu sabia que você possuía a capacidade principal dos Ribuths. Não foi um sonho! Hoje, estamos no ciclo da lua cheia. Você assistiu à cerimônia dos pares. É para esse ritual que eu devo prepará-los.

Zirat ainda estava tonto. Pediu desculpas e foi se deitar. Apesar de passarmos a tarde toda dormindo, ainda estávamos cansados e sonolentos. Eu também me recolhi.

Mal havia adormecido, fui acordado pelo peso do corpo de Zaíra sobre mim. Demonstrando estar ainda sob os efeitos da droga, começou a me beijar com volúpia. Ainda tonto, deixei-me envolver por suas carícias. Acabamos nos relacionando intimamente. Tudo aconteceu como um sonho, logo depois adormecemos.

Quando acordamos pela manhã, percebi que Zaíra me olhava encabulada. Sorri para ela. Olhando-me nos olhos, também sorriu e se levantou. Demorei um pouco, espreguiçando. Pela primeira vez sentia-me feliz por estar vivo. Meu irmão já estava na sala, conversando com Zorac e, do quarto onde eu estava, conseguia ouvir a conversa. Estavam aguardando minha presença. Então, resolvi me levantar.

— Vejo, pela sua aparência, que teve uma noite regada de sonhos felizes! – afirmou Zorac, com ar de ironia.

Zaíra olhou para mim e abaixou a cabeça. Percebemos que Zorac sabia o que havia acontecido entre nós. Sorrindo, respondi:

— Sinto-me como se minha vida estivesse começando hoje!

— Ótimo! A partir de hoje, vocês estarão realmente começando uma nova vida. Venha, sente-se e junte-se a nós.

Sentei-me ao lado de Zirat e juntos recebemos as informações de Zorac.

— Estamos na segunda noite da lua cheia. Vocês irão aproveitar para atravessar o portão principal das Muralhas do

Medo. Hoje é um dia especial para os Ribuths, que comemoram o nascimento de Butsá. Os portões estarão abertos para os adeptos. Uma vez lá dentro, procurarão por Mosec e dirão que eu os enviei. Mostrem as pedras e ele saberá orientá-los como proceder.

— E quanto a Zaíra? Ela poderá ir conosco? Não correrá o risco de ser reconhecida como a virgem foragida?

— Ela deverá se vestir de modo que a cicatriz do braço esteja à vista. Mesmo reconhecida, não correrá riscos, pois já não possui as características exigidas pelo ritual. Entretanto, é importante saber: Você assistiu alguma vez aos rituais? – perguntou a Zaíra.

— Não. Jamais assisti.

— Ótimo! Caso contrário, estaria condenada à morte. Deverão partir à tarde, mas, antes, quero que sentem todos em volta da mesa. Vamos invocar meus amigos invisíveis para pedir a proteção deles nesta empreitada.

Zorac mandou o auxiliar fechar a porta e ficamos na penumbra. Aliás, as sombras eram a característica daquela casa. Zorac pediu que ficássemos de olhos fechados e acompanhássemos as palavras que iria pronunciar em voz alta.

Depois de alguns instantes, começou a falar. Sua voz rouca imprimia um ar lúgubre ao ambiente. Olhei para meu irmão e percebi que ele havia debruçado sobre a mesa e parecia estar adormecido. Com os olhos entreabertos, vi sair de sua boca, das narinas e de seus ouvidos algo parecido com uma fumaça branca, que foi se estendendo em grande quantidade e, aos poucos, foi tomando a forma de um homem. Fiquei assustado. Era meu pai! Tomado pela emoção, derramei o pranto. Ia me levantar para abraçá-lo, mas Zorac me impediu. Meu pai começou a falar:

— Meu filho, o que vê agora, no futuro será corriqueiro em sua vida. Jamais esqueça de que viveremos para sempre! E que para destruirmos nossos inimigos, não basta matar o corpo. É preciso muito mais que isso. Quando estiverem associados aos Ribuths, eu não poderei comparecer aos rituais, mas aqui, com Zorac, faremos planos para nossa vingança contra aqueles que tentaram destruir nossa família. Sidrac já está do nosso lado e juntos vamos aplicar a justiça.

Meu pai se calou e vi sua figura desvanecer até desaparecer. Zorac quebrou o clima repleto de emoção em que eu estava mergulhado. As lágrimas ainda rolavam pelo meu rosto, quando ordenou:

— Desperte seu irmão.

Eu sacudi Zirat. Ele acordou. Parecia não saber nada do que havia acontecido. Falou, meio confuso:

— Devo ter adormecido. Sonhei com nosso pai. Tive a impressão de que ele estava aqui.

Ainda emocionado, narrei os acontecimentos. Depois de me ouvir, perguntou a Zorac:

— Por que não pude ficar acordado para vê-lo?

— Essa é a desvantagem do elemento passivo. Apesar de ter visto mais do que nós, não se recorda de nada. Você viu todos que estavam presentes e nós vimos apenas o seu pai. Fiquei feliz ao presenciar a quantidade enorme de material desprendido por você, no momento da materialização. É sinal que, quando estiver entre os Ribuths, poderá chegar à liderança.

Zaíra estava assustada, porém ficou feliz ao presenciar o inusitado acontecimento. Como eu, ela agora sabia que não estávamos sozinhos. Ainda com muitas dúvidas, perguntei para Zorac:

— Meu pai falou em vingança. Percebi seu ódio por Liburc, mas como poderemos ajudar?

— Agora, nada poderão fazer. Mas, quando estiverem participando da seita dos Ribuths, vosso poder será incomensurável! Deixemos esse assunto para mais tarde, pois é bom que se preparem para partir. Não se esqueçam de que terão que procurar por Mosec.

Juntamos algumas provisões, colocamos no alforje e partimos. Zorac deu um vestido para Zaíra, com o qual ficou ainda mais bonita. A expectativa entre nós era grande. Zirat, calado, seguia ao nosso lado. Ao notar que eu e Zaíra caminhávamos abraçados, percebeu o que estava acontecendo entre nós.

O Sol descia em direção ao horizonte. Passamos pela estrada que cortava a floresta e já estávamos atravessando os campos cultivados. Dali, avistamos ao longe as enormes Muralhas do Medo. Zirat parou e ficou olhando para as muralhas. Depois de permanecer pensativo por algum tempo, perguntou:

— Zílio, será que é para lá que devemos ir? Será que esse é o nosso destino?

— Que outra opção nos resta?

— Não sei. Não seria melhor ir à cidade, procurar outros caminhos e esquecer tudo?

— Existem coisas difíceis de esquecer. A morte de nossos pais jamais será apagada de minha mente. Assim como meu pai, eu também anseio pela vingança.

— Você tem razão, devemos isso a ele. Não podemos esquecer que é graças a ele que estamos vivos.

Mais animados, voltamos a caminhar. Vez ou outra, Zaíra beijava minha mão, puxando-a para junto de seu rosto, em atitude carinhosa. Quando nos aproximamos das muralhas, vimos uma multidão que chegava de todos os lados. Muitos dos que estavam entrando nos domínios dos Ribuths traziam suas carroças cheias de víveres, outros carregavam pequenos animais, provavelmente para oferecer durante a cerimônia.

Juntamo-nos à multidão e entramos para o interior das muralhas. Eram tão altas, que escondiam a imensa cidade construída em seu interior. As casas e os casebres eram de formato arredondado e quase todos possuíam no alto uma torre de forma piramidal, com janelas nos quatro lados. Já estava escuro, a noite caíra impiedosa, dificultando nossa visão. Seguimos a maioria das pessoas que se encaminhavam para o templo, como nos informou Zaíra, que demonstrou conhecer grande parte daquele lugar.

O templo era enorme. Centenas de tochas acesas clareavam todo o ambiente. No lugar onde parecia ser o altar, estavam dependuradas as figuras das quatro faces da lua, fundidas em ouro. Sob elas, uma enorme mesa redonda, esculpida em pedra polida. Em torno dela, estavam sentados vinte homens, com longas túnicas e com os rostos semiencobertos por um capuz. Segundo Zaíra, eram os membros do conselho supremo dos Ribuths, o que se confirmou mais tarde, quando começou o ritual da consagração dos seguidores presentes e o rito de louvor e gratidão às forças invisíveis. A cerimônia varou a madrugada. Pela manhã, o templo ficou vazio. Restaram apenas os membros do conselho. Estes também se retiraram e apenas um deles ficou. Veio até nós e perguntou:

— Por que não partiram?

— Estamos à procura de Mosec.

Ele olhou para os lados, demonstrando certo ar de preocupação e indagou, em voz quase inaudível:

— Com que finalidade vocês procuram por Mosec?

— Somos filhos de Zenc. Quem nos mandou procurá-lo foi Zorac – explicou Zirat.

— Venham, eu os levarei até Mosec.

Conduziu-nos apressadamente para fora do templo. Caminhamos por várias ruelas, até que chegamos a uma casa grande, construída ao pé de uma serra e rodeada de árvores enormes. Fomos acomodados em uma ampla sala. Ali, ao contrário da casa de Zorac, a luz penetrava pelas várias janelas dispostas em pontos estratégicos, por onde os raios solares invadiam o ambiente com abundância. Algumas jovens preparavam a mesa. A grande variedade de frutos e de assados denunciava a fartura reinante naquela casa. Alguns pratos, com frutos do mar, foram dispostos sobre a mesa. Flores adornavam o ambiente, causando a sensação de que estávamos a céu aberto.

Uma das jovens nos conduziu a uma espécie de varanda coberta, onde havia um pequeno lago construído com pedras sobrepostas. A água cristalina descia da serra por canaletas confeccionadas com bambus, formando uma bica abundante que mantinha a água constantemente renovada. A jovem nos ofereceu roupas novas e insinuou para que nos banhássemos. Assim o fizemos. Estávamos ainda na água, quando Zirat sorriu e afirmou, mantendo um certo brilho nos olhos:

— É, Zílio, acho que este aqui é o nosso lugar!

Zaíra olhou para mim e sorriu. Percebi que ela concordava com Zirat. Brincamos um pouco mais, aproveitando as deliciosas águas que pareciam revigorar nosso ânimo.

As túnicas que recebemos eram brancas, com detalhes dourados. O vestido de Zaíra deu-lhe um ar de nobreza, combinou com aquele lugar cheio de vida. O sol parecia nascer ali, ao pé da serra, o canto das aves ecoava por toda a parte.

Retornamos para a sala, onde nosso anfitrião estava sentado à cabeceira da mesa. Ele sorriu para nós e nos convidou para sentar. Comemos de tudo que estava sobre a mesa, eram iguarias que jamais havíamos experimentado. Zaíra as conhecia e nos recomendava as melhores. Já estávamos saboreando as frutas, quando o homem começou a falar:

— Estou feliz por estarem aqui! Os três são filhos de Zenc?

— Não senhor, somente eu e Zílio. Meu nome é Zirat.

— Como escaparam da Ilha Pequena?

— Nosso pai nos ajudou.

— Vosso pai foi morto por Liburc. Como pôde ajudá-los?

Percebi que perguntou de forma irônica, pois parecia saber de tudo. Mesmo assim, Zirat respondeu, explicando:

— Por meio de um sonho, meu pai mandou que eu guardasse uma canoa no topo da ilha onde morávamos. Com ela, conseguimos sobreviver às águas que tomaram conta de todo o lugar.

Percebi que Zirat ficou preocupado com o interrogatório e, então, interrompi a conversa, fazendo uma pergunta:

— Senhor, quando irá nos conduzir até Mosec?

— Eu sou Mosec! Não devem se preocupar. Estão seguros aqui.

Experimentamos um grande alívio. Zirat sorriu de contentamento e agradeceu pela hospitalidade. Mosec continuou:

— Vosso pai prestou muitos serviços à nossa organização. Ele e Sidrac eram elementos importantes para os Ribuths. Espero que possam preencher o vazio que eles deixaram entre nós. Trouxeram as pedras que legaram a vocês?

— Sim, estão aqui.

Zirat as colocou sobre a mesa. Mosec as juntou e, depois de examiná-las, perguntou:

— Zorac testou o potencial de vocês?

— Sim! – respondeu Zirat.

— E qual foi o resultado alcançado?

Eu me antecipei a Zirat e expliquei:

— Quando Zorac nos convocou para pedirmos proteção aos invisíveis, meu irmão adormeceu enquanto ele falava e, logo depois, meu pai se materializou e falou comigo.

— Isso é ótimo! Em breve poderão participar do ritual. Até lá, vou prepará-los. Depois de integrados, poderão desfrutar dos direitos e dos privilégios concedidos aos membros do conselho dos Ribuths. Terão uma casa como esta e todos os demais acessórios para garantir vosso conforto.

Zirat não conseguia disfarçar a alegria de que fora acometido. Zaíra me abraçou, demonstrando a emoção que estava sentindo pelo que estava acontecendo naquele momento. Deixamos Zirat conversando com Mosec e fomos passear nos jardins próximos à varanda onde nos banhamos. Era como se estivéssemos sonhando. Tudo à nossa volta compunha um clima de felicidade.

Caminhamos até o pé da serra. A relva aquecida pelos raios solares insinuava um aconchegante tapete. Deitamos. Com apenas o sol e os pássaros como testemunhas, trocamos juras de amor. Estava olhando para seu rosto no momento em que era banhado pelos raios do sol, ressaltando sua beleza, quando ela, estimulada pelo clima romântico que nos envolvia, começou a falar:

— Zílio, contempla o céu, veja como as nuvens se movimentam, rumando para lugares distantes. Parecem apressadas, mas na verdade seguem tranquilas e confiantes na força que as conduzem. Agora, feche os olhos. Sinta o vento passando por entre nós e indo agitar as árvores na floresta. É ele que carrega as nuvens, agita as ondas do mar, transporta os grãos de areia e sustenta as aves no ar. Não é como o rio, que nasce na fonte e deságua no mar. Não sabemos de onde ele vem e nem podemos vê-lo, mas podemos senti-lo! Está em toda parte. Surge às vezes brando e suave, espalhando por toda parte o perfume das flores, das matas e o cheiro do mar. Outras vezes, passa agitado, violento e forte, varrendo a face da terra e espalhando a destruição e a morte. Sopra frio ou sopra quente. É como a nossa respiração: quando estamos amando e trocando juras de amor, nosso hálito tem o aroma das flores e sopra morno como a brisa do mar no verão. Mas, quando odiamos, ele sopra frio, exalando o cheiro da dor, inspirando a violência, a vingança e a morte.

Eu estava atônito! As palavras de Zaíra revelaram existir por trás daquela beleza, algo ainda maior e mais belo. Ela continuou:

— Meu povo ensinava que o vento é o hálito do Senhor dos Mundos e que reflete seus sentimentos. Se descobrirmos de onde o vento sopra, poderemos chegar até ele. Muitos, do meu povo, enlouqueceram tentando.

—Você acredita que existe um Senhor dos Mundos?

— Eu não sei. Às vezes, fico pensando em tudo o que acontece à nossa volta e chego a acreditar que realmente ele existe e que está no comando da vida. Sobrevivemos de seu hálito. Sem ele, morreríamos.

— Eu tenho vivido sem ele e ainda não morri! – afirmei sorrindo.

Ela colocou suas mãos sobre meu rosto e comprimiu meu nariz e minha boca. Quando eu estava quase sufocando, ela retirou as mãos e afirmou, sorrindo:

— Está vendo! Sem ele, você morre!

Eu estava admirado. Realmente fazia sentido o que ela estava me dizendo. Sem o ar, morremos. A minha curiosidade aumentou. Pedi que ela continuasse a falar sobre o Senhor dos Mundos.

— Quando nascemos, é ele que nos enche de vida. Seu hálito é nosso o primeiro alimento. O mesmo acontece com as plantas, com os animais e com todos os seres vivos.

— Então ele é Senhor dos Mundos, somente da parte seca, pois os peixes conseguem viver sem ele.

— Quando ele exala seu hálito sobre as águas do mar, agitando as ondas, as águas absorvem sua essência, suprindo a vida nos seres que habitam suas profundezas.

— Mas, por que Senhor dos Mundos? Existem outros mundos?

— Segundo o que aprendi com os mais velhos do nosso povo, chamados de Guardiões da História, antes de nós, em todas essas ilhas, viviam seres muito inteligentes e sábios. Consta que eles tinham um poder muito grande sobre a natureza e realizavam coisas inimagináveis. Adoravam uma estrela distante, dizendo que era o mundo de onde vieram. A morte para eles significava a libertação, diziam que aqui era um mundo destinado aos proscritos.

— Interessante! Quando eu ainda era uma criança, minha mãe falava dessa estrela. Afirmava que todos viemos de lá e que seu maior desejo era voltar.

Silenciamos por alguns instantes. Estava meditando sobre o que Zaíra dissera e a coincidência de minha mãe também falar sobre um outro mundo, quando ela quebrou o silêncio:

— Sabe, Zílio, quando estive prisioneira dos Ribuths, senti soprar naquele ambiente o vento carregado de ódio e de violência. Por isso, embora a alegria que sinto em estar ao seu lado e por tudo que estamos conseguindo, não posso deixar de me preocupar com o futuro que nos aguarda. Em uma das noites em que eles praticavam a consagração dos adeptos, estava apenas eu e uma das criadas que serviam as vítimas prisioneiras, Zoraide era seu nome. Em determinado momento, ela foi acometida de uma sonolência extrema. Fui obrigada a ajudá-la a se deitar. Logo em seguida, ainda dormindo, começou a falar: "Não tenha medo. Você não será sacrificada. Eu vou tirá-la daqui". Percebi que a voz dela estava diferente, o rosto dela havia se transfigurado. Então, perguntei quem era ela, que disse: "Sou uma amiga. Vim para ajudá-la a sair deste lugar". Disse a ela: "Estamos trancadas, como poderá me ajudar a sair daqui?". Zoraide pediu para que eu fosse até a porta. Caminhei até lá, e ela se abriu diante de mim. Surpresa, virei para trás e, quando olhei em sua direção, ela sorriu e afirmou: "Vá, não tenha medo! Você conseguirá escapar, estarei sempre ao seu lado. Vou guiá-la, para que um dia possa servir à nossa causa". Foi assim que consegui escapar dos Ribuths.

A revelação que acabara de ouvir indicava que estávamos envolvidos em algo muito estranho. Ficamos ali durante horas, cogitando sobre o que significava todo aquele envolvimento com forças que não conhecíamos.

"A vida é uma escola onde os próprios alunos se transformam em material didático!"

No templo dos Sacrifícios

Os dias se passaram. Mosec nos orientou sobre tudo o que deveríamos saber. Aproximava-se o momento em que seríamos apresentados aos demais membros dos Ribuths. A expectativa era grande e estávamos apreensivos. Certo dia, pela manhã, Mosec nos levou para conhecer o lugar onde os rituais secretos eram realizados. Zaíra não pôde nos acompanhar na caminhada até o templo.

Chegando lá, entramos por uma porta onde se postavam quatro guardas. Descemos por uma longa escadaria até chegarmos a um salão enorme, o qual parecia estar localizado sob a terra. No centro, havia uma mesa redonda com quatro amarras presas à madeira e, em torno dela, a uma certa distância, contei dez mesas retangulares, pequenas e baixas que circundavam o salão. Passando a mão sobre a mesa redonda, Mosec nos explicou:

— Aqui, nesta mesa, oferecemos as vítimas aos nossos aliados do mundo invisível.

Com aquela afirmação e a influência daquele ambiente, o toque de magia em que estávamos envolvidos até aquele momento se quebrou como por encanto. Senti uns arrepios estranhos e meu ânimo arrefeceu. Zirat perguntou:

— E estas mesas pequenas, qual a utilidade delas?

— Não são mesas. São leitos onde se acomodam os membros passivos para a produção dos elementos necessários para a realização das materializações de nossos aliados invisíveis.

— Qual a função do elemento ativo? – perguntei preocupado.

— É a de atender os amigos invisíveis e anotar suas exigências e orientações.

Ao ouvir quais seriam minhas atribuições, senti uma sensação estranha. Só de pensar em falar com mortos estranhos fui acometido por um mal-estar que durou alguns instantes, até que consegui me equilibrar. Então questionei:

— Qual a finalidade dessa troca?

— São eles que transformam as pedras em ouro e a água em pedras preciosas. É o que sustenta nossa seita.

— O que o povo dá como oferenda não é suficiente?

— O que recebemos do povo é muito pouco. Para enfrentar Liburc é preciso manter centenas de espiões espalhados por toda a cidade de Zantar. Precisamos estar informados de suas intenções e isso nos custa muito ouro. A manutenção de nossos domínios também é dispendiosa.

— Por que a rivalidade entre os Ribuths e Liburc?

— Liburc é filho de Mondai. Este era o governador supremo da cidade. Tinha um coração generoso, amava seu povo, a felicidade reinava em Zantar. Nós, os Ribuths, mantínhamos uma convivência pacífica com ele e com o povo. Liburc, um jovem vaidoso, sentia ciúme do prestígio que o pai desfrutava entre os homens e as mulheres de toda a cidade. Assessorado por forças invisíveis e pelos aliados que compartilhavam os seus propósitos, planejou e executou o assassinato do próprio pai. Depois, conseguiu convencer o povo de que seu pai fora morto pelos Ribuths. Com isso, assumiu o comando geral de Zantar, prometendo ao povo vingar a morte daquele que fora um líder adorado e respeitado por todos. Não o combatemos; apenas nos defendemos. Liburc sabe dos tesouros que conseguimos por meio de nossos rituais. Por isso, mantém a maioria do povo contra nós, visando um dia penetrar nossas muralhas e tomar posse de nossas riquezas.

— De que forma os mortos transformam o ouro entregue aos Ribuths? – perguntei.

— Eles não permitem que observemos o momento da transformação. Simplesmente o ouro surge no lugar das pedras e o mesmo se dá com as pedras preciosas.

Zirat, impressionado com a revelação de Mosec, perguntou:

— Como é dividido todo esse ouro?

— Tudo o que conseguimos até agora está guardado na sala do tesouro, localizada no prédio do poder central. Pertence a todos nós.

Com um brilho estranho no olhar, Zirat continuou suas indagações:

— Afinal, quem detém o poder maior dos Ribuths?

— O poder supremo pertence ao conselho composto pelos pares.

— Então faremos parte desse conselho?

— Sim, devo apresentá-los ao conselho amanhã. Depois das próximas três luas, serão convocados para participarem do ritual.

Depois que Mosec nos deixou, eu e Zaíra ficamos conversando sobre tudo o que estava acontecendo conosco. A ansiedade que se instalou no meu peito roubou-me parte da noite, impedindo-me de adormecer.

"Não existe a derrota! O que existe são apenas alguns momentos mais difíceis!"

Perante o Conselho

No dia seguinte, fomos acordados pelos criados, que trouxeram as roupas que deveríamos usar para nos apresentarmos diante do conselho. Eram vestimentas confeccionadas por mãos habilidosas. Os detalhes em azul simbolizavam as fases da lua, o tecido branco assemelhava-se ao linho, porém de uma textura mais densa. Os criados e as criadas nos ajudaram até que as roupas estivessem ajustadas em nossos corpos.

Mosec veio logo em seguida e nos conduziu para o edifício do conselho. Ao chegarmos diante da sala destinada às reuniões, fez algumas advertências e entramos. Todos os membros já estavam sentados em torno da enorme mesa, que estava no centro da sala. Mosec era quem secretariava a reunião. Dois lugares estavam reservados, onde eu e Zirat nos sentamos. Depois de algumas reverências, Mosec começou a apresentação:

— Queridos membros do conselho, estes que agora participam da mesa são Zirat e Zílio, filhos de Zenc. Como todos aqui sabemos e lamentamos muito, Sidrac e Zenc foram assassinados pelos homens de Liburc e, consequentemente, Zirat e Zílio, depois de obterem a anuência deste conselho, deverão ocupar seus respectivos lugares. Como membro do conselho e mestre de cerimônias, dou por aberta a discussão para a posterior votação, a fim de decidirmos se os aceitamos ou não.

Um dos membros, de nome Ephis, pediu a palavra e fez uma observação:

— Desde quando foi fundada a Irmandade dos Ribuths pelos irmãos Riná e Butsá, esta será a primeira vez que teremos um par composto por irmãos. Eu creio que isto assinala que poderemos estar diante de um período de grandes conquistas. Por isso, desde já, meu voto é sim! Que sejam bem-vindos os filhos de Zenc!

Os demais membros demonstraram um grande entusiasmo e foram unânimes na aprovação. Mosec foi o primeiro a se levantar e vir até nós para nos abraçar. Os demais, depois de nos desejarem as boas vindas, formularam muitas perguntas e ficaram admirados com a forma como fomos salvos da Ilha Pequena. Depois de muita festa, retornamos à casa de Mosec. Ele ficou incumbido de nos entregar a casa que deveríamos ocupar.

Logo após o banquete oferecido por Mosec em homenagem à nossa integração ao conselho, Zirat saiu para conhecer um pouco mais os domínios dos Ribuths, enquanto eu e Zaíra fomos caminhar, margeando a floresta. Sentia-me melancólico. Relembrava o tempo de minha infância na Ilha Pequena. Sentia saudade de minha mãe, das estórias que ela contava sobre um mundo distante, onde, segundo ela, todos vivemos um dia. Apontava constantemente para uma das estrelas e afirmava: "É de lá que todos viemos! Um paraíso que não soubemos fazer por merecer. Por isso, fomos relegados a este mundo!".

Percebendo minha introspecção, Zaíra argumentou:

— Percebo que você está preocupado. Sua inclusão no conselho não lhe agradou?

— Não sei! Sinto uma insegurança muito grande. Alguma coisa me diz que deveríamos partir e esquecer os Ribuths e tudo mais.

— Compreendo sua preocupação. Estamos nos envolvendo em algo que desconhecemos. Isso também me preocupa.

— Quando recordo o que Liburc fez aos meus pais, chego a desejar estar nessa guerra. Mas, ao mesmo tempo, sou tomado por uma sensação estranha. Parece que estou enveredando por um caminho sem volta, no qual os sonhos que agora cultivo irão se apagar.

— Quais são os seus sonhos?

— Viver! Mas, viver livre! Desfrutar da natureza à nossa volta, amar sem constrangimentos, poder sentir o que eu sinto por você sem me preocupar com o quanto irá durar esses momentos felizes que estamos vivendo.

— Zílio, essa liberdade só existe enquanto somos crianças. É o período em que o coração é mais forte que a inteligência. Entretanto, agora, somos obrigados a pensar mais do que sentir. A menos que nos entreguemos aos impulsos do coração e estejamos preparados para suportar as consequências que tal atitude acarretará em nossas vidas.

— Eu gostaria de ter a coragem de obedecer aos impulsos do coração, mesmo que, para tanto, tivesse de enfrentar o sofrimento que isso viria a acarretar. Mas, dentro de mim existem duas forças que lutam entre si e não sei a qual delas atender. Isso me deixa angustiado e me faz sofrer. Uma me pede para lutar e destruir os assassinos de meus pais; a outra clama pela paz que desejo viver ao teu lado. Porém, sinto que se não atender a primeira, não encontrarei condições para viver a segunda, que é o grande sonho da minha vida.

— Zílio, você não deve se angustiar. A mão do destino nos colocou diante de uma estrada da qual tão já não poderemos nos esquivar. Vamos percorrê-la sem deixar morrer os nossos sonhos. Vamos lutar para torná-los realidade, mesmo que para isso tenhamos de pagar um preço muito alto.

A determinação e a coragem de Zaíra me surpreendia. Decididos a caminhar na direção que o destino nos apontava, retornamos para nossos aposentos na casa de Mosec. A noite transcorreu calma e acordamos com os raios do sol invadindo o quarto. Olhei através da janela e vi os pássaros voando com pequenos ramos presos ao bico, denunciando a época da procriação. Invejei-os pela liberdade que desfrutam.

Zaíra já havia saído do aposento e retornou para me avisar que Mosec e Zirat aguardavam para nos acompanhar até a casa que se destinava a nos abrigar. Depois das cortesias costumeiras, rumamos para o lugar onde estava localizada. O lugar nos surpreendeu com tanta beleza. A casa, rodeada de árvores, parecia se encostar em uma queda d'água que escorria da montanha. Os respingos arremessados no ar, refletindo a luz do sol, desenhavam um maravilhoso arco-íris, cuja ponta parecia tocar o telhado da casa. A construção era ampla e aconchegante. Os grandes olhos de Zaíra brilhavam de contentamento.

Mosec sorriu e, com um gesto, chamou os escravos que estavam na casa: três mulheres, um jovem e dois senhores. Apontando para eles, afirmou-nos:

— Estes serão os vossos criados. Estarão encarregados da manutenção, da limpeza e da alimentação. Enquanto forem membros do conselho, terão o poder sobre suas vidas.

Depois das recomendações cabíveis, Mosec nos conduziu por toda a casa, mostrando cada aposento. Logo depois, partiu com Zirat.

Ali estávamos! Era como se tivéssemos sido inseridos em um paraíso, cercado de beleza e de mistério! Uma coisa me intrigava: por que meu pai não criou a família em uma destas casas destinadas aos membros do conselho? Por que optou por deixar sua família na Ilha Pequena? Estava tentando encontrar as respostas, quando Zaíra se aproximou. Estava acompanhada de uma das escravas e, apontando para ela, afirmou:

— Zílio, esta é Zoraide, a escrava que me ajudou a escapar do sacrifício.

Um tanto constrangida e admirada, a empregada afirmou:

— Eu não sei do que a senhora está falando! Eu não a ajudei a escapar. Até hoje, não consigo entender como escapou. A porta estava fechada! Depois que a senhora sumiu, foi preciso alguém abri-la para que eu pudesse sair.

— Você não se lembra do que falou para mim, naquela hora?

— Só consigo me lembrar que a senhora estava comigo. Depois, sem que nada houvesse acontecido, constatei que estava sozinha dentro da cela. Quando chegaram os guardas, cravaram-me de perguntas e só não mandaram me matar, porque a cela estava trancada e eu consegui convencê-los de que havia adormecido e não sabia de nada.

Parte 3

No Ritual

Era noite de lua cheia. Havia chegado o momento que eu esperava com apreensão e ansiedade. Zirat veio me buscar e fomos para o local do ritual. Todos os membros passivos e ativos estavam presentes. Alguns dos passivos já se encontravam deitados em seus leitos.

Uma linda jovem com grilhões nos pulsos e nos tornozelos era conduzida por um escravo de estatura avantajada. Trazia na mão uma jarra e servia seu conteúdo para os membros passivos. Todos tomaram um gole, inclusive Zirat, que já estava acomodado em seu leito. Quase todas as tochas foram apagadas, ficando apenas uma próxima da mesa do sacrifício. As demais estavam bem distantes. O escravo obrigou a jovem a tomar o conteúdo final da jarra e a amarrou sobre a mesa. De cada um dos membros deitados sobre os leitos começou a sair por quase todos os orifícios, inclusive pelas narinas, a mesma substância que Zirat expeliu na casa de Zorac. Aos poucos, essa névoa foi tomando várias formas. Eram figuras de homens, alguns com a aparência animalizada. Uma cena horripilante. Não demorou muito, comecei a ouvir gritos ensurdecedores e voluptuosos, que ecoavam por toda a enorme sala. A cada momento, um deles se debruçava sobre a vítima e emitia gritos estridentes de gozo e de prazer. Depois de quase uma hora, Mosec fez um sinal ao escravo, que se aproximou da vítima e a executou com uma lâmina, desferindo-lhe um golpe mortal. Nessa hora, todos se amontoaram sobre as fendas por onde escorria o sangue ainda quente.

As pedras que estavam dispostas sobre uma pequena mesa cederam lugar a uma porção de artefatos de ouro. A água colocada em uma pequena vasilha foi substituída por joias trabalhadas com pedras preciosas. Fiquei impressionado! O ser invisível que se materializou por intermédio do material de Zirat aproximou-se de mim e, com a fisionomia aparentando um sorriso quase imperceptível, pois seus lábios estavam mal formados, passando o braço na boca, falou:

— Quero beber!

Eu fiz um sinal ao escravo que segurava a vasilha contendo a beberagem, que veio até nós e encheu um recipiente menor, o qual dei ao aliado invisível. Para minha surpresa, ele foi até onde estava Zirat e derramou a beberagem sobre a sua boca. Depois disso, todos começaram a se desvanecer, até que desapareceram.

Zirat e os demais passivos acordaram. Alguns escravos entraram e começaram a limpar o lugar, saindo após a limpeza. Ao lado da mesa, onde estava o ouro, apareceu um tacho grande, cheio de um líquido semelhante ao da beberagem. Depois de limpo, sem a presença do corpo da vítima, o ambiente se transformou em um lugar festivo, com lindas jovens trazendo muitas iguarias e alguns dos escravos retornando com alguns instrumentos de percussão e começando a executar uma bateria de sons. As jovens cantavam e dançavam à nossa frente. Era um som muito executado pelos habitantes das ilhas. Durante a dança, as moças tiraram suas roupas e começaram a dançar com maior frenesi. A beberagem do tacho começou a ser servida e todos se encharcaram dela, exceto os escravos. A volúpia tomou conta de meu ser. Comecei a dançar e a cantar um monte de besteiras que vieram à minha cabeça. Todos estavam envolvidos pelo clima de festa e de orgia. A bebida inflamou meu ser, não resisti e acabei participando de tudo. Entreguei-me aos caprichos e às fantasias das jovens que me assediavam. A festa durou até o amanhecer, quando retornei para casa.

Zaíra provavelmente me esperava ansiosa em saber tudo sobre o ritual. Eu me sentia estranho, não estava cansado e nem sonolento. Quando cheguei, Zaíra estava na varanda. Ao me avistar, sorriu e correu em minha direção, jogando-se sobre mim com os braços abertos. Beijou-me ardentemente. Estava curiosa e preocupada, perguntando logo:

— Então, como é que se saíram os novos membros dos Ribuths? Agora se sentem mais poderosos?

Eu sorri, disfarçando um certo remorso que se apoderou de mim ao vê-la tão bela e tão apaixonada. Então, falei:

— Eu e Zirat não nos sentimos poderosos, agora nós somos realmente poderosos. Quanto mais poder, mais amor vou poder lhe oferecer.

Realmente, a cada dia nosso amor crescia. O tempo foi passando. Estávamos vivendo um momento de suprema felicidade. Tudo o que podíamos imaginar era colocado aos nossos pés. Zirat recebeu um verdadeiro palácio para habitar. Vivia rodeado de luxo e de lindas mulheres. O ouro oferecido pelos invisíveis nos tornava cada dia mais ricos e poderosos. Liburc, muitas vezes, enviou seus espiões para tentar descobrir de que forma conseguíamos transformar as pedras em ouro e a água em pedras preciosas, mas logo eram descobertos pelos nossos guardas, que os eliminavam prontamente. Sentíamos segurança plena, garantida pelas muralhas e pelos precipícios profundos que circundavam o outro lado da cidade.

Com o passar do tempo, tornei-me um apaixonado pelos rituais, principalmente pela festividade que sucedia as cerimônias.

"Quando nos tornarmos sábios, seremos os últimos a saber."

Estranha Descoberta

Estávamos reunidos para um novo ritual. Tudo estava preparado. A vítima, os passivos e os escravos se mantinham a postos e logo se iniciaram as materializações. Os invisíveis se alternavam. Nem sempre eram os mesmos que compareciam. Eu alimentava a curiosidade de saber como eles conseguiam transformar as pedras em ouro e a água em pedras preciosas. Resolvi observar, mantive meu olhar fixo sobre a mesa onde estavam as pedras. Apesar de atento, não consegui. Ao fixar o olhar de forma mais apurada, tentando identificar as pedras quase ocultas pela penumbra, reconheci os artefatos de ouro ocupando a mesa. Aconteceu muito rápido. Não consegui perceber qualquer movimento em torno das pedras. Depois da partida dos invisíveis, antes de começar as festividades, aproximei-me da mesa. Fiquei surpreso ao ver o medalhão de ouro que minha mãe havia me dado. Sem que ninguém visse, coloquei-o sob a roupa. Quando começou a festa, eu me despedi e me retirei do salão.

Retornei para junto de Zaíra. Comemos alguma coisa e fomos para os aposentos onde dormíamos. Deitados no leito, começamos a conversar. Zaíra percebeu que eu estava preocupado e então perguntou:

— Por que retornou cedo? Não participou do ritual?

— Sim, participei, apenas não fiquei até o final. Aconteceu uma coisa estranha e estou tentando compreender.

— O que aconteceu de estranho?

Peguei o medalhão e mostrei para ela, dizendo-lhe:

— Está vendo este medalhão? Foi minha mãe quem me deu. Não podia estar aqui. Eu o deixei, quando abandonamos a ilha. Ele estava no fundo do mar. Olha as marcas que a água fez. Além do mais, você pode até sentir nele o cheiro da maresia.

— Como ele veio parar em tua mão?

— Os invisíveis o colocaram junto com os demais artefatos de ouro que se transformaram das pedras.

Zaíra me olhou com um olhar de quem podia explicar o que acontecera. Então lhe perguntei:

— O que é? Vai dizer que sabe o que aconteceu?

— Zílio, os invisíveis não transformam as pedras em ouro. Eles vão buscar esses artefatos no fundo do mar. Todo esse ouro fazia parte das riquezas que submergiram com as ilhas.

Fiquei admirado com a dedução de Zaíra. Era realmente isso que estava acontecendo. Eles conseguiam transportar o ouro do fundo do mar até a mesa do ritual, fazendo-nos crer que transformavam as pedras em ouro, o mesmo acontecendo com a água e as pedras preciosas. Estávamos rindo da descoberta, quando Zoraide entrou no quarto. Estava estranha. O clima do ambiente foi se alterando, tornou-se sombrio. Zoraide cambaleou e, amparada por Zaíra, sentou-se em uma cadeira que estava no quarto. Com o rosto transfigurado, assumindo quase que totalmente a fisionomia de meu pai, começou a falar:

— Meu filho, chegou a hora de executar nossos planos. Meu coração clama por vingança. No próximo ritual, vamos dar um passo importante para que o poder sobre os Ribuths seja entregue a vocês. Temos que assumir o controle da comunidade, dentro e fora de nossas muralhas.

Eu estava atônito diante do que via e ouvia, enquanto meu pai prosseguiu falando:

— Os membros dos Ribuths tornaram-se hipócritas! Abandonaram a mim e a Sidrac. Precisamos puni-los.

— Como poderemos ajudar?

— Durante o ritual, quando Zirat se deitar para servir aos invisíveis, materializaremos um dos que estão do nosso lado. Ele se incumbirá de fazer o que deve ser feito e você deverá ajudá-lo.

— O que deverei fazer?

— Enquanto os invisíveis estiverem se banqueteando com a vítima, os membros ativos serão envolvidos por nossos aliados e irão adormecer. Nessa hora, nosso aliado já materializado entregará a você um frasco contendo um pó escuro. Coloque o frasco sobre o fogo da tocha mais próxima da mesa do sacrifício e depois se afaste para perto de onde estiver Zirat.

— E se formos descobertos?

— Não tema, tudo estará sob controle.

Depois dessa afirmação, Zoraide começou a se contorcer e a se transfigurar, voltando à aparência normal. Pelo seu comportamento, percebemos que não se deu conta do que havia acontecido. Estava constrangida por estar sentada diante de nós. Levantou-se rapidamente, pediu permissão para se retirar e retornou para junto dos outros servos que estavam na cozinha.

Zaíra me olhava fixamente, esperando que eu dissesse alguma coisa. Mantive-me calado, pois estava surpreso e confuso com tudo aquilo. Parecia um sonho do qual esperava acordar a qualquer momento. Sentei-me e meu coração batia descompassadamente. Zaíra se aproximou e começou a me acariciar, deslizando sua mão entre os meus cabelos para tentar me acalmar.

— Zílio, sei que tudo o que aconteceu nesta sala foi um choque para você, mas devemos reconhecer que pelo menos respondeu às nossas indagações. Agora sabemos no que estamos envolvidos. Ficou claro que a guerra entre Liburc e os Ribuths assumirá novas proporções. Queiramos ou não, estamos envolvidos nela e não sabemos quais serão suas consequências.

— Isso é verdade. Então só nos resta aguardar os próximos acontecimentos.

A partir daquele momento, instalou-se em meu coração uma sensação de medo e de apreensão. Senti vontade de falar com Zirat, mas me contive. Seria melhor conversar com ele depois de executar o plano de nosso pai.

"Quem busca facilidades no presente, semeia dificuldades para o futuro."

Executando o Plano

Passamos os dias que antecederam o próximo ritual usufruindo das belezas que circundavam nossa casa. Conseguimos uma certa descontração, afinal, tudo o que estava acontecendo fazia parte de nossa vida. Zaíra adorava a água e constantemente se banhava na cachoeira. Atendendo ao instinto e ao costume cultivado desde criança, distraía-me, caçando os pequenos animais da floresta próxima, os quais mandava preparar para o jantar ou para o almoço. Outras vezes, passava o dia ouvindo Zaíra contando histórias sobre os mistérios da vida. Tão nova e já tinha acumulado tanto conhecimento. Sabia mais do que eu sobre os povos e sobre as ilhas, até mesmo sobre a ilha onde nasci e me criei. Em certos momentos em que a observava de longe, tive a impressão de que ela conversava com o vento.

No dia do ritual, pela manhã, estávamos deitados na relva, como sempre fazíamos. Zaíra, acariciando-me os cabelos, começou a falar:

— Hoje à noite, será o início de um período de maiores preocupações. Se realmente você e Zirat conquistarem o poder sobre os Ribuths, nossa vida perderá o encanto em que estamos envolvidos. O canto dos pássaros, que agora nos acalma, tornar-se-á estridente aos nossos ouvidos; o murmurar das águas, que agora deleita nossos ouvidos, tornar-se-á um barulho insuportável.

— De onde você tirou essa ideia?

— Ouça o vento assobiando ao passar por entre os galhos das árvores, sua melodia é melancólica e triste. É presságio de muitos temores e sofrimentos que se abaterão sobre esta ilha. O Senhor dos Mundos está triste, por isso seu hálito sopra melancólico.

— Você está enganada. Eu e Zirat vamos ser apenas os senhores desta ilha. Isso não vai incomodar o senhor de tantos mundos. Pode ter certeza que não é por nossa causa que ele está triste.

— Zílio, por acaso, você sabe o tamanho desta ilha?

— Sei que é muito grande, mas não sei o quanto. Nem sequer saí de dentro dos domínios dos Ribuths, como poderei saber?

— Os Guardiões da História chamavam esta ilha de Ilha Sem Fim. Ninguém jamais alcançou o outro lado da Ilha Grande. Ela vai muito além da cidade de Zantar.

Dizem que existem outros povos habitando lugares muito distantes da cidade de Zantar.

— Eu não estou interessado nos outros povos e nem nos outros lugares. Temos que nos preocupar com o que temos de real. Estou confiante que esta noite vamos dar um passo muito importante na direção de nossa felicidade.

— Espero que esteja certo do que vai fazer. Pedirei ao Senhor dos Mundos para protegê-lo.

— Não se preocupe, tudo dará certo! – afirmei cheio de convicção.

À noite, preparei-me e parti para o local do ritual. Não falei nada para Zirat. Só depois da cerimônia eu iria lhe contar os detalhes do plano. Tudo estava pronto. Zirat e os demais membros passivos encontravam-se acomodados nos leitos. Assim que trouxeram a vítima, começaram as materializações. Os invisíveis, depois de materializados, colocaram-se em volta da mesa do sacrifício. O aliado de meu pai também já havia se materializado, mantinha-se próximo a Zirat e não foi notado. Aproximou-se e me deu o frasco, olhei em volta e vi os membros ativos adormecidos e espalhados pelo chão e a mesa estava encoberta por aquelas criaturas horríveis debruçadas sobre a vítima sacrificada. Aproximei-me da tocha, coloquei o frasco sobre ela e me afastei, indo para perto de Zirat. O aliado havia desaparecido.

Não demorou muito e o frasco, em contato com o fogo, causou uma explosão que produziu um clarão intenso, o qual durou alguns instantes, iluminando a mesa e quase todo o ambiente. Todos os membros passivos começaram a gemer, as criaturas se desintegraram rapidamente. Fui acometido de um pesado sono e adormeci. Não sei quanto tempo depois, fui despertado por Mosec. Estavam todos aturdidos. Os membros passivos demonstravam sinais de enfraquecimento e de dor e, em poucos instantes, constatamos que estavam todos mortos, exceto Zirat, que despertou por último. Fomos todos para a sala do conselho.

Formou-se um grande tumulto, com todos os membros ativos falando ao mesmo tempo e ninguém sabia explicar o que havia acontecido. Mosec tomou a palavra, pediu silêncio e começou a falar:

— Vamos manter a calma. O importante agora, é que cada um de nós procure se lembrar de alguma coisa que aconteceu antes de perdermos os sentidos. Qualquer coisa que possa parecer estranho ao nosso ritual.

O silêncio foi total. Senti o medo me dominar, mas acabei me controlando ao constatar que ninguém se manifestou. Mosec continuou:

— Dos membros passivos, só nos resta Zirat. Por meio dele, iremos descobrir o que aconteceu. Dentro de dois dias realizaremos um novo ritual, onde vamos oferecer um novo sacrifício.

Encerrada a reunião, convidei Zirat para me acompanhar até minha casa. Eu precisava revelar tudo o que havia ocorrido no ritual. Estava nervoso, não sabia qual seria sua reação. Como sempre, Zaíra me esperava na varanda. Sua alegria ao me ver, demonstrava o fim da preocupação que até aquele instante provavelmente dominava seu coração. Zirat fez um comentário a seu respeito:

— Como você está linda! Quase não a reconheci nessas roupas.

Realmente, Zaíra estava deslumbrante! O traje que usava lhe caíra tão bem que ressaltava ainda mais sua beleza. Abraçou-me e entramos. Zirat começou a beliscar algumas das iguarias que estavam sobre a mesa. Percebi, pelo seu olhar que estava esperando minha manifestação a respeito do que houve durante o ritual. Sentamos e comecei a falar:

— Zirat, o que aconteceu hoje marca o início de uma série de acontecimentos que vão se suceder na seita dos Ribuths.

— O que você sabe a respeito do que aconteceu?

— Nosso pai, por intermédio da escrava Zoraide, falou comigo. Existe um plano por parte dele e de nossos aliados do mundo invisível para que o poder dos Ribuths seja entregue em nossas mãos.

— Então, você fez parte do que aconteceu no ritual?

— Sim! Depois do que aconteceu no ritual, compreendi qual é o plano de nosso pai. Agora que a seita dos Ribuths depende apenas de nós dois para transportar o ouro, é o momento de agirmos para conquistar o poder. Chegou o momento de pensar em nosso futuro. Eu e você podemos assumir o comando dos Ribuths. Os elementos ativos, sem os passivos, nada têm para oferecer, estão fora! Só restamos eu e você. Até Mosec terá que se curvar diante de nós.

Zirat se levantou, veio até mim e me abraçou, dizendo:

— Você é um gênio!

Zaíra continuou sentada. Seu semblante demonstrava grande preocupação. Tentei convencê-la de que eu estava certo, mas ela se recolheu em seus aposentos. Eu e Zirat conversamos até quase o amanhecer e tudo ficou definido. O cansaço havia me dominado. Zirat partiu e eu fui me deitar. No dia seguinte, ao final da tarde, levantei-me. Zirat me aguardava na sala e estava ansioso:

— Zílio, Zorac, o mago, surgiu em meus sonhos e me orientou para evocar Butsá, o fundador da seita, durante o ritual. Ele comanda os aliados invisíveis e vai apoiar nossos planos. Com o apoio dele, vamos assumir o comando dos Ribuths. Futuramente, teremos Liburc e toda a ilha aos nossos pés.

Entusiasmados com a orientação e a revelação de Zorac, conversamos por longo tempo, até chegar o momento do ritual. Apesar da expectativa, sentia-me seguro. Estava decidido a ir até o fim com o nosso plano. Zaíra, durante a madrugada, tentou argumentar contra, mas acabei convencendo-a de que, afinal, era a nossa felicidade que estava em jogo.

Seguimos para o ritual. Mosec e os membros ativos já haviam preparado o ambiente. Zirat, depois de tomar a beberagem preparada pelos aliados invisíveis e servida pela vítima, deitou-se. Os membros passivos ficaram próximos à mesa de sacrifícios e, logo em seguida, o elemento gasoso começou a ser expelido por Zirat. Em pouco tempo, estávamos diante de Butsá completamente materializado. Olhou para mim e sorriu. Voltando-se para Mosec, falou:

— Ao longo do tempo, os Ribuths conseguiram acumular grandes riquezas, porém, isso apenas não basta. Precisamos conquistar o poder sobre a ilha, pois Liburc continua governando Zantar. A partir de hoje, os Ribuths terão, como outrora, dois irmãos em seu comando e com eles vamos expandir nosso poder.

Fez uma pausa e, vencendo as dificuldades proporcionadas pelo processo de materialização, e apontando para mim e Zirat, completou:

— Os irmãos Zirat e Zílio passam a comandar os Ribuths na Terra, enquanto que, no invisível, eu e meu irmão continuaremos comandando nossos aliados.

Mosec olhou para os membros ativos e viu que estavam atônitos com as declarações de Butsá. Então, perguntou:

— E nós, o que faremos?

— Você, Mosec, por sua dedicação e fidelidade, permanecerá como mestre de cerimônias, selecionando as vítimas e preparando os sacrifícios. Os outros deverão estar fora de nossas muralhas na próxima lua. Vou partir, outro virá em meu lugar e trará valioso material que deverá ser usado em favor de nossa causa. Sacrifiquem a vítima em seu louvor.

Butsá partiu e se desvaneceu. Logo em seguida, formou-se uma nova figura.

Possuía uma aparência estranha, era muito grande e seus olhos eram opacos, tinham a mesma cor do corpo. Sua voz era rouca e quase não se entendia o que dizia.

— Fora com eles – ordenou, apontando para os membros ativos.

Mosec pediu para que se retirassem, eles atenderam e saíram. A figura se ajoelhou e, com as mãos voltadas para o chão, pronunciou algumas palavras estranhas. Nesse momento, apareceu diante dele um recipiente de forma oval, que não possuía qualquer tampa ou orifício. Olhou para mim e disse:

— Este recipiente contém a arma que poderá usar contra Liburc. Quando se tornar necessário, deverá transportá-lo até as portas da cidade de Zantar e quebrá-lo quando o vento soprar do leste para o oeste da ilha. O vento se encarregará de espalhar a dor e o sofrimento nos domínios de Liburc.

Depois dessa recomendação, a figura se levantou e foi até a mesa do sacrifício, onde a vítima já se encontrava sacrificada, pronta para servir aos seus propósitos. Eu estava nervoso. Fui até o escravo que segurava o jarro da bebida oferecida aos passivos e tomei um bom gole. Senti me acalmar. Fui acometido por uma espécie de êxtase, era como se eu estivesse gozando de um super vigor mental e físico. Era mais forte do que todas as outras beberagens que eu havia ingerido. Por alguns instantes, voltei a ser criança e comecei a cantar uma canção de improviso. Cantei o amor de Zaíra, as belezas do lugar onde estávamos, falei do arco-íris que pendia sobre o telhado de nossa casa, exaltei o poder que tinha conquistado, e tudo à minha volta era motivo de alegria. Mosec tentou me controlar, mas foi em vão. Eu estava eufórico. Quando terminou o ritual, a euforia havia passado e logo em seguida entrei em profunda depressão e acabei desfalecendo. Mais tarde, ao recuperar a consciência, estava em casa. Zaíra me informou que Mosec e Zirat haviam me carregado até ali. Estava preocupado com o recipiente de barro, precisava saber de seu paradeiro. Então perguntei para Zaíra:

— Para onde foram Zirat e Mosec?

— Foram descansar, disseram que mais tarde retornariam. O que houve com você?

— Nada, está tudo bem!

— Nada? Você chegou carregado!

— Tive um mal-estar, mas já passou.

— E o ritual?

— Correu tudo bem! Agora, eu e Zirat somos o poder supremo dos Ribuths. Em pouco tempo, toda Zantar vai estar aos nossos pés!

Zaíra se manteve calada. Então, fitando-a reafirmei:

— Vou ser o senhor de Zantar. Isso não é motivo de alegria para você?

— Não! Para mim, isso é motivo de preocupação.

— O que está lhe preocupando?

— Estamos entrando em uma guerra, envolvendo forças que desconhecemos e você ainda me pergunta qual a minha preocupação?

— Calma, querida, tudo dará certo.

Naquele momento, Mosec e Zirat chegaram. Fomos para a varanda e ali discutimos os planos para atingir Liburc. O recipiente estava com Zirat e, depois de colocá-lo sobre a mesa, começou a falar:

— Agora, que fomos revestidos da responsabilidade de comandar os Ribuths, precisamos nos inteirar de tudo que existe por aqui, para então começarmos qualquer ação agressiva.

— Concordo com você. Vamos aproveitar que Mosec está aqui e visitar todos os locais reservados ao comando central dos Ribuths.

Assim foi feito. O recipiente foi entregue aos cuidados de Zaíra e, acompanhados por Mosec, visitamos os lugares estratégicos e nos inteiramos de toda a organização existente. A chave da sala do tesouro nos foi entregue. Ficamos surpresos com tanta riqueza acumulada. A sala estava repleta de vasos e outros artefatos de ouro. Mais tarde, fomos apresentados aos espiões, os quais foram advertidos de que estavam sob nosso comando a partir daquele momento. Deixamos claro que qualquer informação obtida teria que ser entregue em nossas mãos. Ordenamos a Mosec recrutar mais guardas, que deveriam ser armados, treinados e preparados para defender nossas muralhas. Estávamos decididos a construir o império dos Ribuths.

“Maiores preocupações e maiores poderes, quase sempre, nos aproximam das trevas e afastam a tranquilidade.”

Expansão dos Ribuths

Tudo e todos obedeciam aos planos estabelecidos. Por questões de segurança, Mosec mandou executar os membros ativos, pois sabiam demais sobre nossa organização. Em pouco tempo, criamos um grande exército de guardas e espiões que obedeciam cegamente às nossas ordens. A cada ritual, os invisíveis se revezavam na materialização por meio dos recursos de Zirat. Transportavam valiosas riquezas que nos permitiam pagar bem aos que nos serviam e, com isso, aumentava a cada dia o número de interessados em prestar serviço na guarda. Consequentemente, conquistamos novos aliados. Muitos dos adeptos de Liburc compareciam ao ritual da consagração no Templo de Butsá, jurando fidelidade aos Ribuths. Crescia vertiginosamente o número de novos adeptos.

Liburc, sentindo a expansão dos Ribuths, promoveu um ataque às nossas muralhas. Foram muitos meses de lutas e derramamento de sangue, até que reconheceu sua impotência diante da inexorável fortaleza constituída por nossas muralhas. Fragilizado em seu poder, retirou-se, conduzindo suas tropas de volta a Zantar.

Depois desse ataque, houve um longo período de trégua. Nossos espiões traziam constantemente informações de que Liburc e seus aliados preparavam apetrechos bélicos para tentar novamente transpor nossas muralhas. Seus feiticeiros se reuniam todas as noites próximos de nossas muralhas para praticarem rituais de magia, tentando nos atingir.

Certa noite, fui acordado pelo chefe da guarda, que insistia em falar comigo. Levantei e fui recebê-lo. Ele estava nervoso e agitado. Falou, dobrando-se diante de mim:

— Senhor, um de nossos espiões foi trazido pelos feiticeiros de Liburc e deixado diante do portão principal. Parece estar ferido. Vim pedir autorização para recolhê-lo.

— Está autorizado! Levem-no aos nossos curandeiros. Fiquem alerta! Avisem-me de qualquer movimento estranho próximo às nossas muralhas.

Depois das recomendações, voltei a me deitar. Zaíra estava acordada e quis saber o que estava acontecendo. Contei-lhe e depois me entreguei ao sono. Logo amanheceu. Quis continuar dormindo, mas o canto dos pássaros me incomodava.

Levantei-me quando o almoço estava sendo servido. Zaíra me pegou pelo braço e me acompanhou até a mesa. Sentamos.

Seu olhar me penetrava por inteiro, parecia vasculhar meus sentimentos mais íntimos. Ela sorriu e perguntou:

— Dormiu bem?

— Não, não dormi bem. A barulheira dos pássaros não me deixou nem mesmo cochilar.

— O que está acontecendo? Você gostava de ouvir o canto dos pássaros.

— Gostava, mas agora me incomodam com seus cantos estridentes.

Quando pronunciei a palavra "estridentes", lembrei-me quando Zaíra me advertiu, na véspera do ritual que marcou nosso domínio sobre os Ribuths, sobre o que estava para acontecer:

> *"Hoje à noite será o início de um período de maiores preocupações. Se realmente você e Zirat conquistarem o poder sobre os Ribuths, nossa vida perderá o encanto em que estamos envolvidos. O canto dos pássaros, que agora nos acalma, tornar-se-á*

estridente aos nossos ouvidos, o murmurar das águas, que agora deleita nossos ouvidos, tornar-se-á um barulho insuportável. Ouça o vento assobiando ao passar por entre os galhos das árvores, sua melodia é melancólica e triste. É presságio de muitos temores e sofrimentos que se abaterão sobre esta ilha. O Senhor dos Mundos está triste, por isso, seu hálito sopra melancólico".

Zaíra continuava me olhando. Seu olhar agora era de meiguice. Ela estendeu sua mão sobre a minha e me disse:

— Zílio, depois que você assumiu o comando dos Ribuths, nossa vida não tem sido a mesma. Nunca mais fomos passear em torno da floresta. Lembro-me sempre dos momentos felizes e inesquecíveis que vivemos. Eu gosto muito de me banhar na cachoeira, mas, sem você por perto, não me sinto animada.

— Você tem razão. Não tenho mais tempo para as coisas simples e belas que fazíamos juntos. Mas, deves entender que as obrigações que assumi não me permitem viver como vivíamos.

Ainda estávamos conversando, quando Zoraide entrou na sala e, cambaleando, caiu ao chão. Zaíra a socorreu e a colocou sentada em uma cadeira. Seu rosto se transfigurava aos poucos. Pensei se tratar do Espírito de meu pai, mas logo percebi que a fisionomia de Zoraide começava a se assemelhar à de minha mãe. Ela começou a falar:

— Meu filho, não se entregue ao domínio das trevas. Aproveite o poder do qual foi investido e acabe com os rituais criminosos. Procure ouvir a voz da razão. Seu pai jamais quis me escutar. Eu sempre abominei a seita dos Ribuths e seus rituais macabros, por isso não o acompanhei, quando se instalou aqui. Sonhava em criar você e Zirat longe deste lugar, mas as trevas alcançaram nosso lar e uniu vocês nessa empreitada maligna.

Enquanto falava, meu coração parecia ter sido perfurado por uma lâmina. Ela continuou:

— Aproximei Zaíra de você, tentando usá-la para vos guiar, mas seu coração frágil se deixou apaixonar. Mesmo assim, consegui colocar algumas palavras em sua boca, tentando dissuadi-lo da empreitada infeliz com a qual acabou se envolvendo.

— Mãe, nós estamos cumprindo a vontade de nosso pai. Nós devemos isso a ele. Liburc não pode ficar impune pelo que fez à nossa família.

— A vingança é o instrumento dos mais fracos. Temos que ser fortes o bastante e resistir aos impulsos infelizes do coração, para não afundarmos nas trevas do sofrimento. Zenc, seu pai, deixou-se dominar pelo ódio que o está consumindo. Esqueceu que fomos banidos de um mundo que agora respira num clima de paz e de felicidade, à semelhança de um paraíso, exatamente porque não soubemos conter esses impulsos que ainda caracterizam a animalidade em nós.

Naquele momento, senti o mundo desmoronar sobre mim. Em meu interior, relutei em aceitar o que minha mãe estava me propondo. Então, retruquei:

— Mãe, a vida nos fez livres! Estou vivendo um dos momentos mais importantes que essa liberdade me proporcionou. A minha obrigação é fazê-los se perpetuarem e, para isso, devo continuar lutando com todos os recursos de que disponho para me manter no poder. Caso contrário, jamais terei outra oportunidade de ser feliz como desejo ser.

— Meu filho, a felicidade que supõe estar vivendo é efêmera. Não estou preocupada com essa felicidade passageira sobre a Terra, mas, sim, com vossa felicidade perante a eternidade. Estou tentando evitar que se comprometa ainda mais com as leis que dirigem nossos destinos. Portanto, procure ouvir o lado bom que eu lhe dei e que ainda existe em você. Não se deixe envolver pelas ilusões que poderão fazê-lo sucumbir em muitos séculos de sofrimentos.

— A senhora não entende. Eu entrei em um caminho sem volta. Nada posso fazer para conter a força do destino.

— O destino somos nós que construímos. Com apenas uma ação, podemos alterá-lo para os próximos séculos à nossa frente. Não se iluda com o poder transitório que desfruta agora, pois poderá levá-lo a construir séculos de escravidão.

Zoraide começou a se debater e voltou ao seu estado normal. As revelações de minha mãe me causaram um profundo conflito interior. A segurança que sentia se esvaiu, deixando o medo dominar meu coração. Zaíra tentava me confortar, mas o único conforto que encontrei foi na beberagem do ritual, o qual passei a consumir compulsivamente. Os rituais continuaram, Zirat não deu ouvidos às revelações de nossa mãe. Atormentado pelas dúvidas que se levantaram em meu coração, enclausurei-me na omissão.

Certa manhã, quando estava em casa com Zaíra, fui procurado pelo curandeiro, que me trouxe uma informação preocupante:

— Senhor, o espião que foi deixado ferido diante do portão principal trazia seu corpo marcado pela magia dos feiticeiros de Liburc.

— E qual o problema?

— O problema é que todos os que tiveram contato com ele adoeceram, inclusive o chefe da guarda.

— E vocês não conseguem curá-los?

— Nossos preparados são impotentes diante dessa doença estranha e desconhecida de todos nós. O pior é que está se alastrando e muitos já morreram.

— Que tipo de doença é essa que vossos remédios não conseguem curar?

— Ela ataca a respiração. Os enfermos ficam ardendo de calor e se debatem até a morte. Somam-se centenas de contaminados.

O problema me tirou da omissão. Imediatamente, convoquei Zirat e Mosec para uma reunião, pois era preciso avaliar o que estava acontecendo e buscar as soluções. Reunimo-nos na sala do conselho e, depois que expus a situação, Mosec se manifestou:

— Eu e Zirat já sabemos de tudo. Precisamos pedir ajuda aos nossos aliados invisíveis. Estamos próximos do dia do ritual, mas até lá será necessário isolarmos os doentes, para se evitar uma contaminação maciça.

Zirat não concordou, argumentando:

— Ainda faltam três dias para o ritual e não temos certeza de que os aliados poderão nos ajudar. O melhor é sacrificar os infectados e queimá-los fora de nossa muralha. Com isso, estaremos garantindo nossa segurança. Ninguém pode prever o que essa peste pode fazer em três dias.

Então, retomando a palavra, Mosec considerou:

— Nossos melhores homens da guarda estão infectados. Não podemos sacrificá-los sem tentarmos a ajuda dos aliados. São homens valorosos e fiéis à nossa causa. Seria injusto de nossa parte sacrificá-los.

— Não podemos arriscar perder milhares de colaboradores por causa de alguns poucos, por mais valorosos que sejam.

— Por que não isolamos aqueles que nos são caros e sacrificamos o restante dos contaminados? – sugeri, tentando o melhor.

Mosec e Zirat concordaram com minha sugestão, mas o caso era mais grave do que parecia. Enquanto discutíamos, muitos estavam sendo contaminados. Isolamos os escolhidos e sacrificamos os demais. Porém, durante os três dias de espera, tivemos que sacrificar dezenas de infectados.

O ritual foi realizado sem sacrifício. Apenas Butsá compareceu e, com muita dificuldade, conseguiu se materializar. Orientou-nos para que recorrêssemos à ajuda de

Zorac, o mago. Encerramos o ritual e, logo em seguida, Zirat partiu em busca de Zorac.

Retornei para casa. Sentia-me arrasado com tudo o que estava ocorrendo. Zaíra, como sempre, tentava me confortar. Mas, só depois de tomar muitos goles da beberagem é que eu conseguia acalmar a luta interminável que havia se instalado em minha consciência depois que ouvi minha mãe.

Após alguns dias da recomendação de Butsá, Zirat retornou trazendo Zorac. Mesmo com toda sua magia e com a ajuda dos curandeiros, Zorac demorou alguns anos para erradicar a peste que reduziu consideravelmente o contingente dos Ribuths. Diante disso, estabeleceu-se um clima de insegurança. Mosec, Zorac e Zirat temiam um ataque maciço de Liburc. Permaneci passivo, deixei tudo por conta de Zirat. Preenchia meus dias com o amor de Zaíra e com os delírios que a beberagem me proporcionava. Muitas vezes, em minhas alucinações, via minha mãe e discutia com ela. Outras vezes, revivia os prazeres das festividades que aconteciam após os rituais.

Mosec, orientado por Zirat e Zorac, e acompanhado por alguns dos espiões que nos serviam, seguiram em uma caravana sinistra em direção a Zantar. Levavam o recipiente de barro, pois os ventos sopravam favoráveis à execução do plano. Sorrateiramente, aproximaram-se das portas de Zantar e quebraram o recipiente dos invisíveis. Depois de alguns meses, uma terrível peste se abateu sobre os domínios de Liburc. Uma grande parcela dos habitantes de Zantar foi atingida. Centenas de doentes chegavam até nossas muralhas, clamando por socorro, porém eram mortos pelos guardas e depois queimados. Muitos eram queimados antes mesmo de morrerem. A peste causava feridas que consumiam partes do corpo e culminava com vômitos consecutivos, fazendo com que o infectado expelisse golfadas de sangue pela boca, até levá-lo à morte.

Zaíra lutou para me tirar da passividade em que havia me projetado. Insistia para que eu retomasse o comando junto a Zirat. Diante de sua insistência e do carinho com que me tratava, aos poucos fui reagindo até conseguir me reequilibrar. Zaíra voltou a sorrir e, com a sabedoria que demonstrava possuir, alertou-me:

— Zílio, a peste que foi semeada se espalha por toda a ilha. Corremos o risco de sermos também atingidos. Não vamos aguentar uma nova epidemia. Os espiões que retornaram das imediações de Zantar foram contaminados e, por precaução, estão sendo mantidos fora das muralhas. É preciso fazer alguma coisa.

— O que podemos fazer? O que acontece está fora de nosso controle.

— Convoque uma reunião com Zirat, imediatamente Talvez, se vocês ordenarem, Zorac movimentará recursos para conter essa desgraça.

Depois de ouvir as ponderações de Zaíra, fui ao encontro de Zirat. Meu irmão havia se transformado. Depois que passou a desfrutar do amplo palácio, entregou-se à sexolatria. Constantemente renovava seu harém. Tentei convencê-lo do perigo que nos ameaçava, mas foi em vão. Sorrindo, sentado entre duas belas jovens, argumentou:

— Não há com que se preocupar! Já não temos mais inimigos que possam ameaçar nossa segurança. Nem mesmo a peste poderá atravessar nossas muralhas. Relaxe e aproveite para desfrutar da glória dos vencedores. Em breve, vamos invadir Zantar e tomar posse do que nos pertence por direito de conquista. Você não deve dar ouvidos a Zaíra. Ela o ama muito e teme perdê-lo, por isso se preocupa em demasia. Aproveite as delícias do poder, sem constrangimentos. O homem não pode pertencer a uma só mulher. Sente--se aqui e relaxe. Vamos tomar o Elixir da

Felicidade, a bebida que poucos têm o privilégio de saborear.

Zirat demonstrou muita determinação e confiança nos planos estabelecidos. Tentei argumentar, mas ele foi convincente:

— Zílio, você não percebeu que somos os vitoriosos? O mundo nos pertence! Em breve, toda a ilha será nossa. Você age como se nós fôssemos os derrotados! Tome, beba em louvor à nossa vitória.

Peguei o frasco e bebemos. Depois de alguns goles e de seus argumentos, achei que estava certo, afinal tudo estava acontecendo conforme planejamos. Aos poucos, consegui me descontrair. Influenciado pelo ambiente de luxúria que predominava naquele requintado palácio, acabei envolvido pela sensualidade daquelas belas mulheres e me entreguei aos prazeres da carne. Permaneci ali por longo tempo. Distante de Zaíra, libertei-me de minha consciência e passei a viver dando vazão aos meus desejos.

Zirat e Mosec, depois que a peste consumiu milhares de adeptos de Liburc, alcançaram seus objetivos. Atacaram Zantar e dominaram toda a ilha. Liburc, depois de derrotado, foi executado na praça principal de Zantar. Zorac, o mago, nosso aliado, carregado em sua cadeira, pelo escravo que o servia, comandou a execução. Saciou o desejo de vingança que alimentava desde quando Liburc mandou seus guardiões lhe amputarem as pernas.

Zirat se mudou para Zantar, ampliando o poder dos Ribuths. Permaneci no castelo, enclausurado pelo prazer. Porém, não conseguia esquecer Zaíra. Vez ou outra, ia ao seu encontro e permanecia ao seu lado até suprimir a saudade. Eu a amava muito, mas o desejo de ser livre para amar também outras mulheres me dominava. Foram longos anos em que vivi me dividindo entre o amor de Zaíra e as delícias que o poder me proporcionava.

Certo dia, pela manhã, Zoraide veio até o castelo e entrou em meus aposentos.

Estava aflita e chorando. Como nada dizia, perguntei:

— O que aconteceu?

Enxugando as lágrimas com as mãos, começou a falar:

— A senhora Zaíra está muito doente e deseja vê-lo.

Surpreso, e tomado por um terrível remorso, fui ao seu encontro. Ventos violentos sopravam em todas as direções. As nuvens escuras encobriam a luz do sol. O dia parecia se tornar noite e eu mal conseguia caminhar. Lembrei-me do Senhor dos Mundos, quando Zaíra afirmava que o vento era o hálito dele e refletia seus sentimentos. Senti um certo temor e, quando cheguei, encontrei-a agonizando. Seu belo rosto estava oculto pelas feridas que se alastraram pelo corpo. O sangue jorrava pela boca.

No momento em que venci o medo da doença e fui abraçá-la, ouvi um estrondo.

As águas arrebentaram as paredes e invadiram o lugar onde estávamos. Debati-me, tentei agarrá-la, mas foi em vão. O desespero tomou conta de meu ser e fui arrastado pelo furor das águas. Mal conseguia flutuar e, ao longe, pude ver que toda a extensão da ilha estava encoberta pela água que se nivelava com o mar. Senti a morte se aproximar, a exaustão me impedia de continuar lutando contra a força das águas que me puxavam para baixo. Minhas forças se exauriram e me entreguei à fúria das águas.

Milhares de anos se passaram...

Depois dessa encarnação, que custou para mim um longo período de sofrimentos no mundo espiritual, vivi outras oportunidades em que pude resgatar minhas atitudes impensadas. Através das encarnações que me foram concedidas pela misericórdia divina, peregrinei várias vezes pelos corredores do sofrimento, experimentando o desespero e a revolta, atitude que se transformou em uma característica de meu Espírito, as quais têm contribuído para retardar minha marcha de ascensão. Em várias oportunidades, eu, Zirat, Mosec e Zorac compartilhamos juntos de encarnações retificadoras, onde resgatamos nossos crimes.

Em várias ocasiões, Zaíra renunciou aos seus merecimentos para me acompanhar na Terra, a fim de me ajudar a conquistar o equilíbrio de minhas emoções. A cada encarnação, ela continuou crescendo em sabedoria e hoje resplandece plena de luz na figura de Helena, minha estimada benfeitora. Zorac, o mago, está agora reencarnado, vivendo em terras brasileiras. Zirat é hoje meu bom amigo Felipe, a quem devo o socorro e o esclarecimento que me devolveu à vida. Mosec é nosso estimado doutor Diógenes[1].

---

1 Helena, Felipe e Diógenes, são os Espíritos que receberam Zílio no mundo espiritual, constam do livro: "Um Roqueiro no Além" também de sua autoria, psicografado por Nelson Moraes.

Considerações

Depois que consegui resgatar essas lembranças, pude compreender que muitos de nós, encarnados e desencarnados, transitando neste mundo de expiação e de provas, já vivemos longos períodos envolvidos pelas trevas da impiedade e da ignorância. E o pior: quase sempre reincidindo nos mesmos erros, os quais não conseguimos conter e superar. Os resquícios desses períodos infelizes ainda estão presentes em nosso subconsciente. É por isso que muitos de nós, quando aprisionados no corpo físico e cercados pelas circunstâncias que limitam nossa ação dentro do campo de nossos merecimentos, tentamos sufocar nossas frustrações, usando recursos artificiais, onde acabamos nos entregando aos vícios e às ilusões do mundo, contraindo novas dívidas que, a cada encarnação, acabam limitando ainda mais a nossa liberdade. Porém, a cada vitória que conseguimos quando superamos nossas tendências más, ampliamos o campo de nossos merecimentos e, consequentemente, dilatamos nossa liberdade.

Zilio

Obras de Nelson Moraes

Um Roqueiro no Além
Nelson Moraes/Zílio
14x21 cm | 128 Pág.

Roqueiro famoso, surpreendido pela morte prematura causada pelo uso abusivo de álcool e de drogas, se vê diante de uma realidade que jamais imaginara.

Perdão
O Caminho da Felicidade!
Nelson Moraes/Aulus
14x21 cm | 128 Pág.

O perdão é o verdadeiro caminho da felicidade. A obra narra episódios onde incompreensão e mágoa funcionam como cárceres mentais, atravancando o progresso moral do homem.

Para Onde Iremos Após a Morte?
Nelson Moraes
14x21 cm | 128 Pág.

Para onde vão as crianças? De que forma somos protegidos das "balas perdidas", dos acidentes, das enfermidades...? O Espírito Aulus através do médium Nelson Moraes, responde à interessantes perguntas.

Einstein e Kardec
A conexão Entre a Ciência e a Fé
Nelson Moraes
14x21 cm | 160 Pág.

Allan Kardec foi o cientista da alma, Albert Einstein deu alma à ciência! Desenvolveram nos corações uma religiosidade genuína, fundamentada em um conhecimento científico da natureza humana.

Obras de Saara Nousiainen

Mundo Espiritual
Perguntas & Respostas
Saara Nousiainen
14x21 cm | 256 Pág.

Obra simples, direta e elucidativa, abordando diversos temas relacionados à Doutrina Espírita, utilizando o método de perguntas e respostas.

Nós e o Mundo
Espiritual
Saara Nousiainen
12x15 cm | 208 Pág.

Tudo sobre o mundo espiritual e seu interrelacionamento conosco, nos milenares processos evolutivos do ser humano e da vida. Os ensinamentos de Jesus sob nova ótica e muitas outras questões.

Chegou a Hora... E agora?
Saara Nousiainen
16x23 cm | 224 Pág.

Nesta obra, a autora, com seu estilo envolvente e esclarecedor, indica a melhor forma de nos prepararmos para os eventos referentes à transição planetária, além de nos capacitar a colaborar como presenças benéficas nos acontecimentos vindouros.